François-Antoine
de Quercy

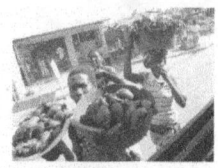

Livres
également
disponibles
en papier
et
numérique

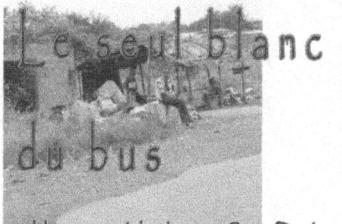

Côte d'Ivoire : Abidjan - San Pédro

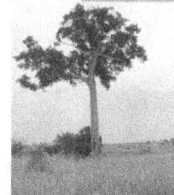
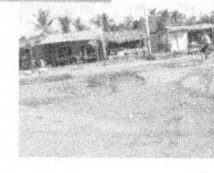

François-Antoine
de Quercy

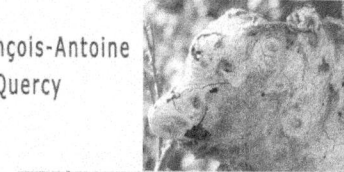

Jean-Luc Petit éditeur

Valprionde

livre d'art

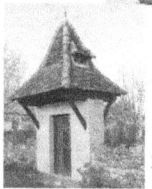

Jean-Luc Petit éditeur

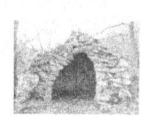

Cahors, livre d'art

Du même auteur*

Sous le nom de **François-Antoine de Quercy** :

Montcuq, livre d'art
Montaigu de Quercy, livre d'art
Quercy Blanc, livre d'art
Le seul blanc du bus
Laramière, livre d'art
Valprionde, livre d'art
Gustave Guiches, *Au fil de la vie*, notice, commentaires, photos

Sous d'autres noms

Romans

Le Roman de la Révolution Numérique
Ils ne sont pas intervenus (le livre des conséquences)
Le roman du show-biz et de la sagesse
Quand les familles sans toit sont entrées dans les maisons fermées
Liberté j'ignorais tant de Toi
Viré, viré, viré, même viré du Rmi !

Théâtre

Neuf femmes et la star
Les secrets de maître Pierre, notaire de campagne
Ça magouille aux assurances
Chanteur, écrivain : même cirque
Deux sœurs et un contrôle fiscal
Amour, sud et chansons
Pourquoi est-il venu :
Aventures d'écrivains régionaux
Avant les élections présidentielles
Scènes de campagne, scènes du Quercy
Blaise Pascal serait webmaster
Trois femmes et un Amour
J'avais 25 ans
La fille aux 200 doudous

* extrait du catalogue, voir page 126

François-Antoine de Quercy

Cahors, livre d'art

Jean-Luc Petit éditeur - Collection Livres d'artistes

L'éditeur versant lotois :

http://www.lotois.fr

Tout simplement et logiquement !

Tous droits de traduction, de reproduction, d'utilisation, d'interprétation et d'adaptation réservés pour tous pays, pour toutes planètes, pour tous univers.

Site officiel : http://www.ecrivain.pro

© **Jean-Luc PETIT - BP 17 - 46800 Montcuq – France**

Cahors, livre d'art

Cahors, 64,72 km2... seulement... mais une sacrée histoire !... Traces d'un prestigieux passé, "art invisible"...
155 photos et des notes, en légendes. J'aime cette ville... Y marcher... Raison supplémentaire de regretter sa dérive...
Il s'agit de témoigner par l'art et non d'une narration historique... même si du pont Valentré au bureau du Président du Conseil Général, plusieurs siècles sont ainsi balayés...

Les berges, la partie entretenue et celle vouée aux déchets, l'eau du Lot, le sable de *Cahors Plage*, Joachim Murat et son Graffiti, le Pont Stéphane Hessel (où il convient de s'indigner ?), le duc d'Istrie, Léon Gambetta, l'église Saint-Urcisse, Saint Jean-Gabriel Perboyre, de la statue à l'impasse, la cathédrale Saint-Étienne, son cloître, des "incivilités", le Moulin de Coty, des chiens, des chevaux, et même le monstre du *Lot Ness* !

Extraire la beauté... Témoigner, laisser une trace de « l'inutile voué à disparaître » fixer sous un angle inédit le "patrimoine", découvrir l'art dans le déchet des autres, scruter l'ignoré, l'éphémère, le surprenant... Ce qui est ne sera pas forcément demain... Un document dans le cadre du vaste projet des livres d'art... Une œuvre doit également faire réfléchir. Que font d'un espace celles et ceux qui y vivent, pour une courte durée, finalement ?...

J'ai choisi de vivre dans ce département, d'y "renaître" ou "revivre" (vivre autrement, naturellement) et la cité cadurcienne s'est imposée à mon troisième œil, celui de l'appareil photo...

François-Antoine de Quercy
FAQ
http://www.quercy.pro

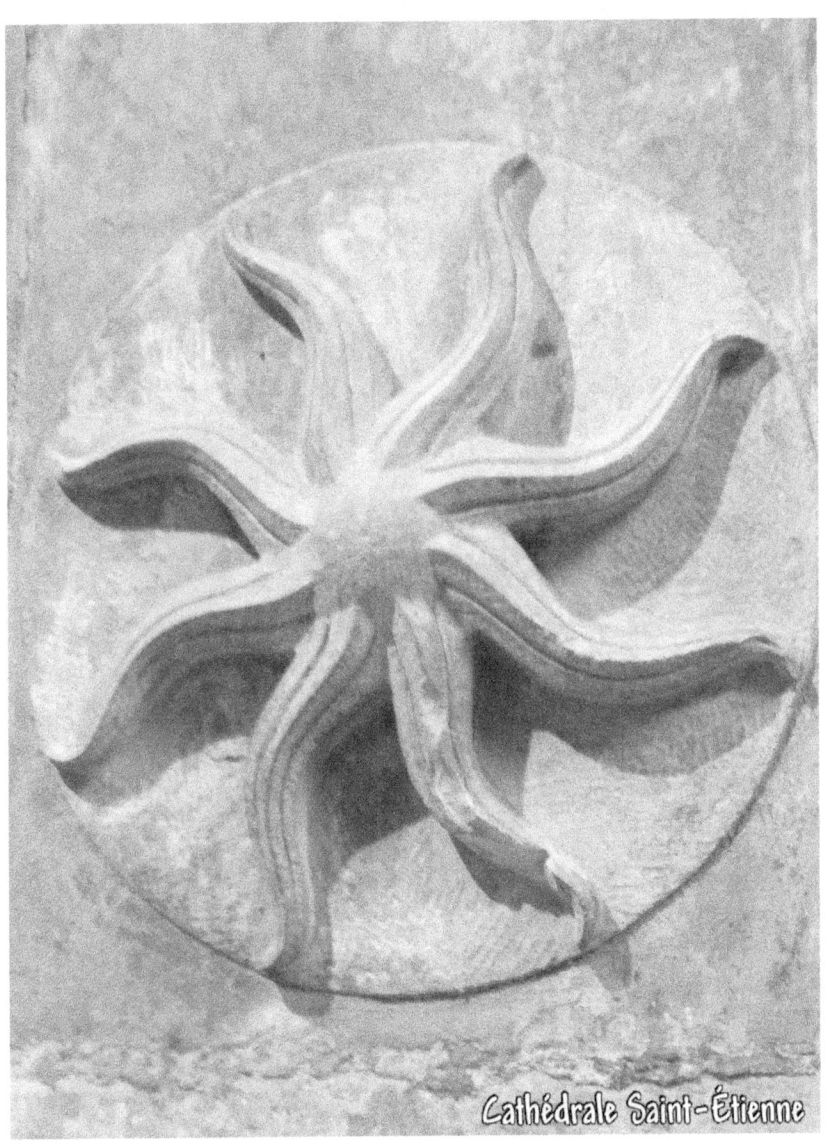

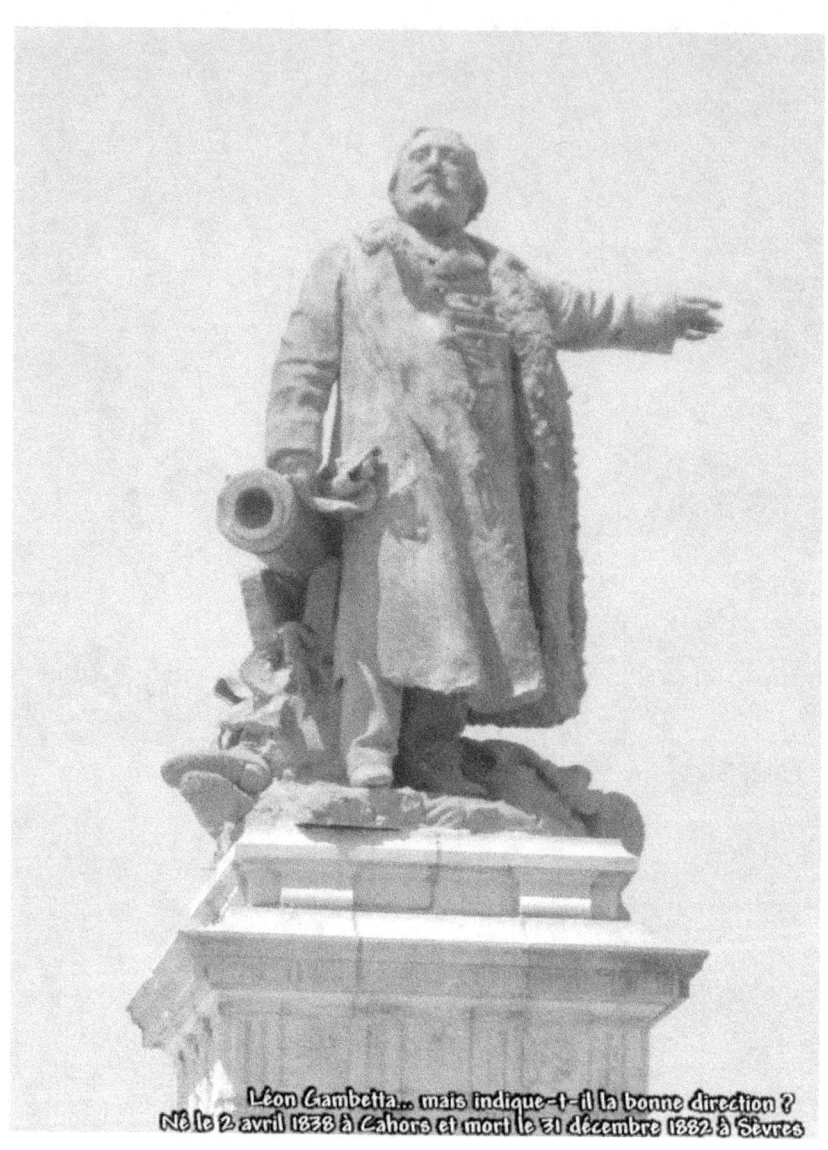
Léon Gambetta... mais indique-t-il la bonne direction ?
Né le 2 avril 1838 à Cahors et mort le 31 décembre 1882 à Sèvres

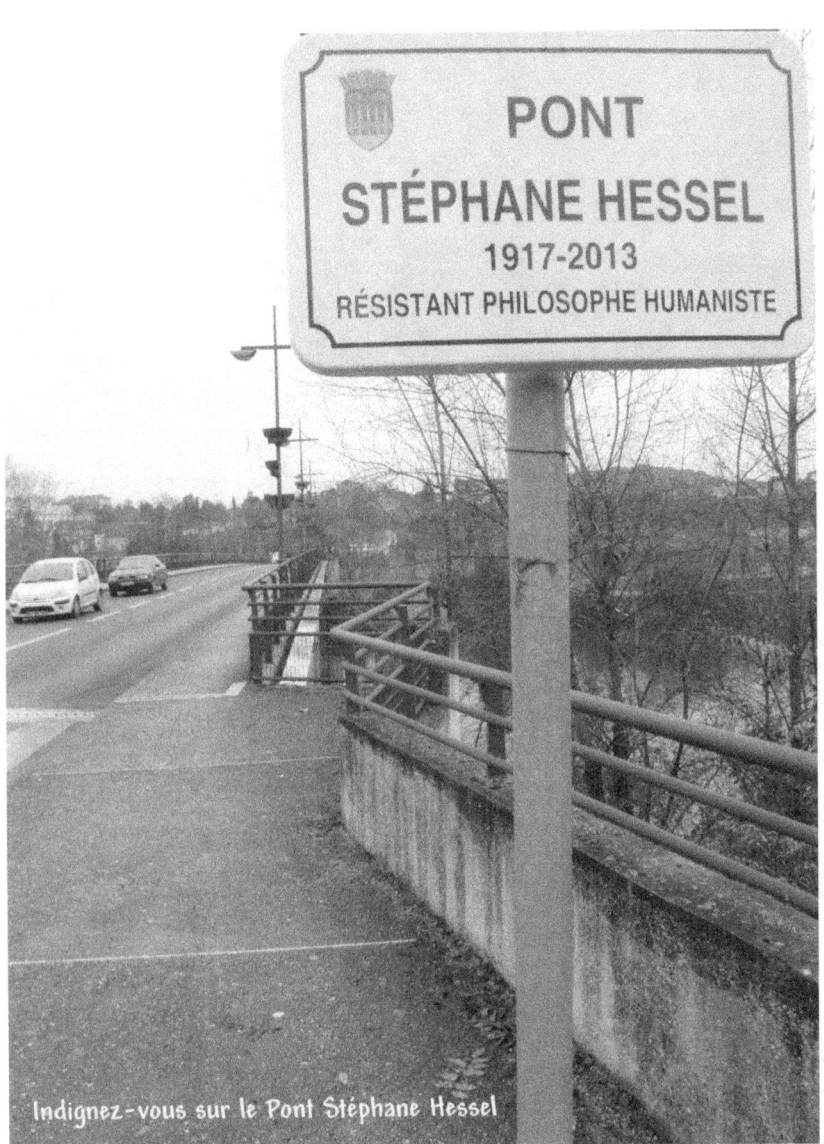

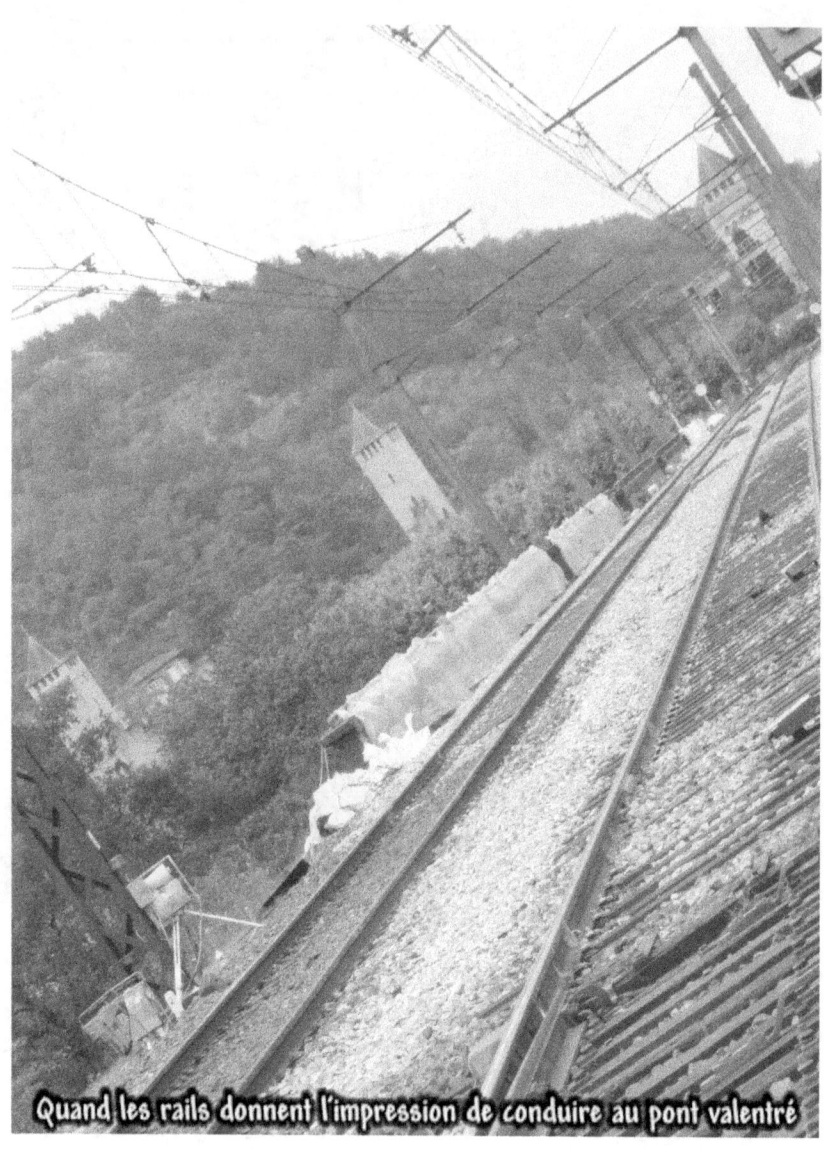

Quand les rails donnent l'impression de conduire au pont Valentré

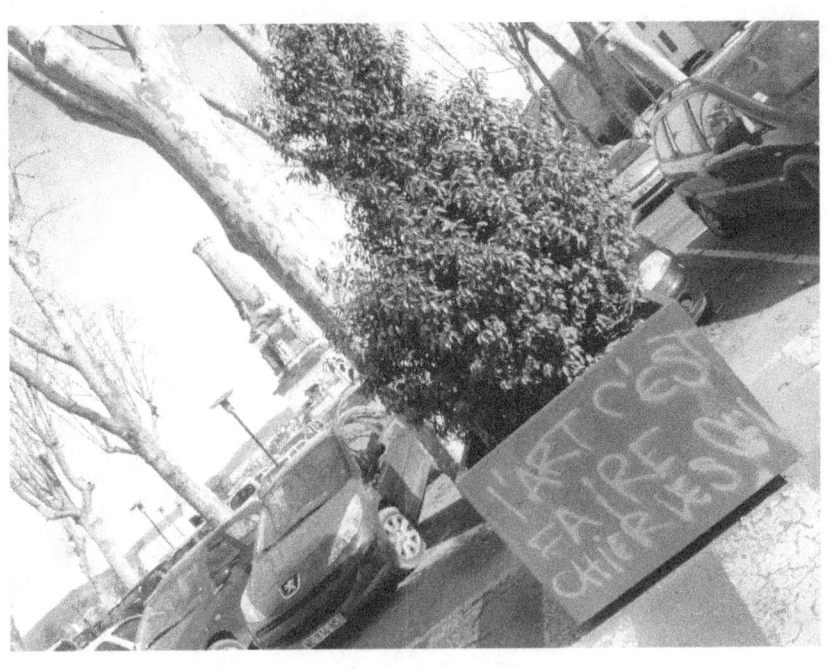

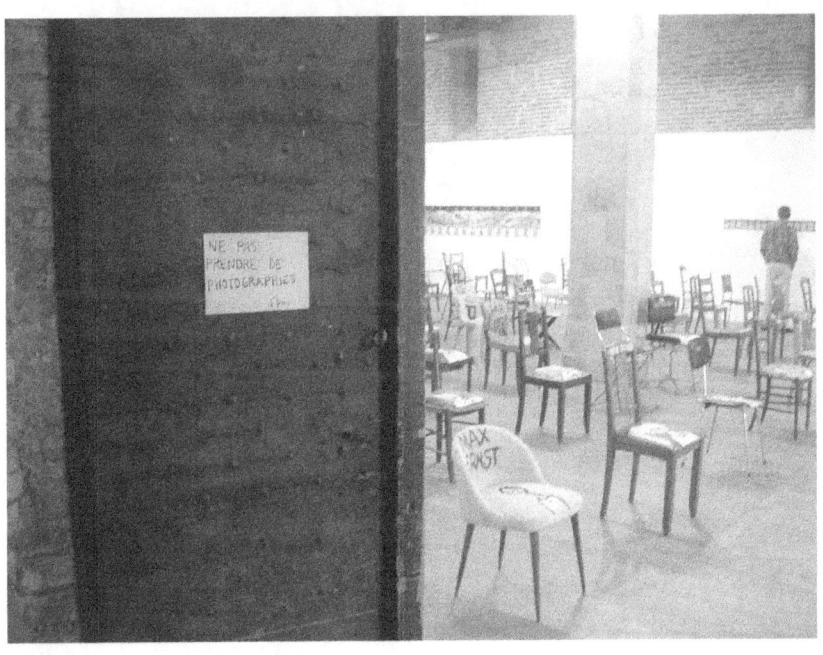

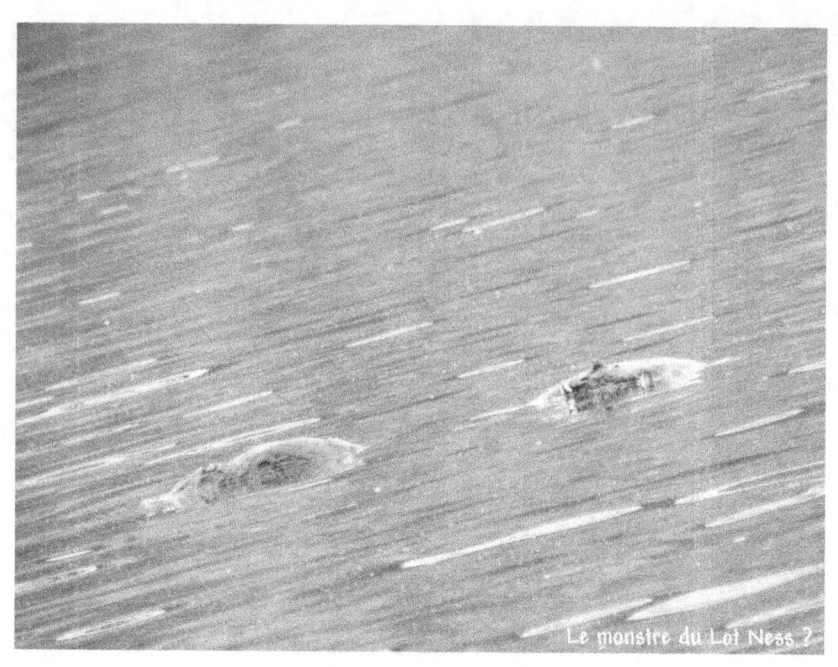

Le monstre du Loi Ness ?

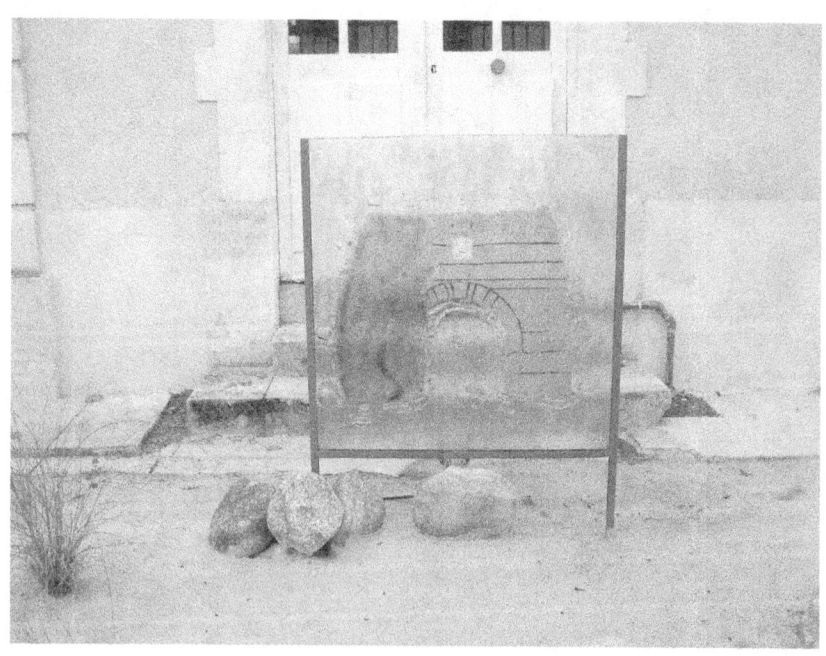

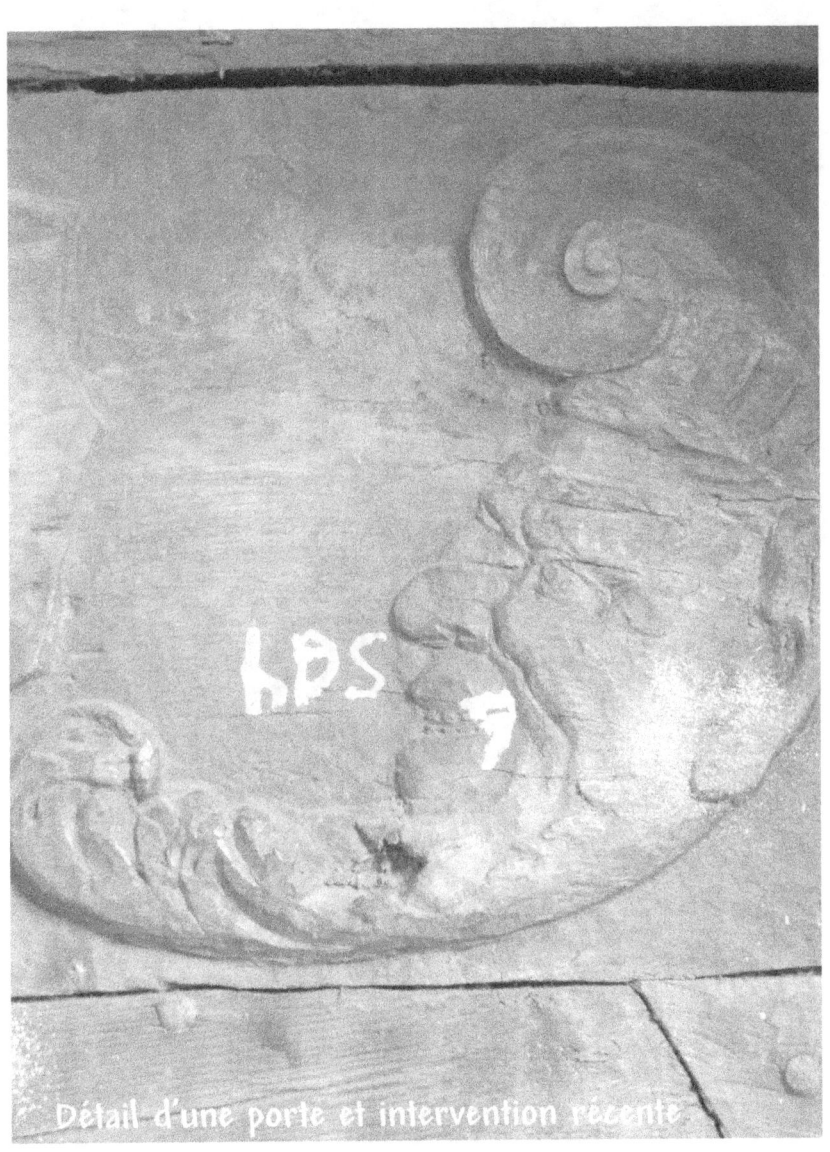

Détail d'une porte et intervention récente

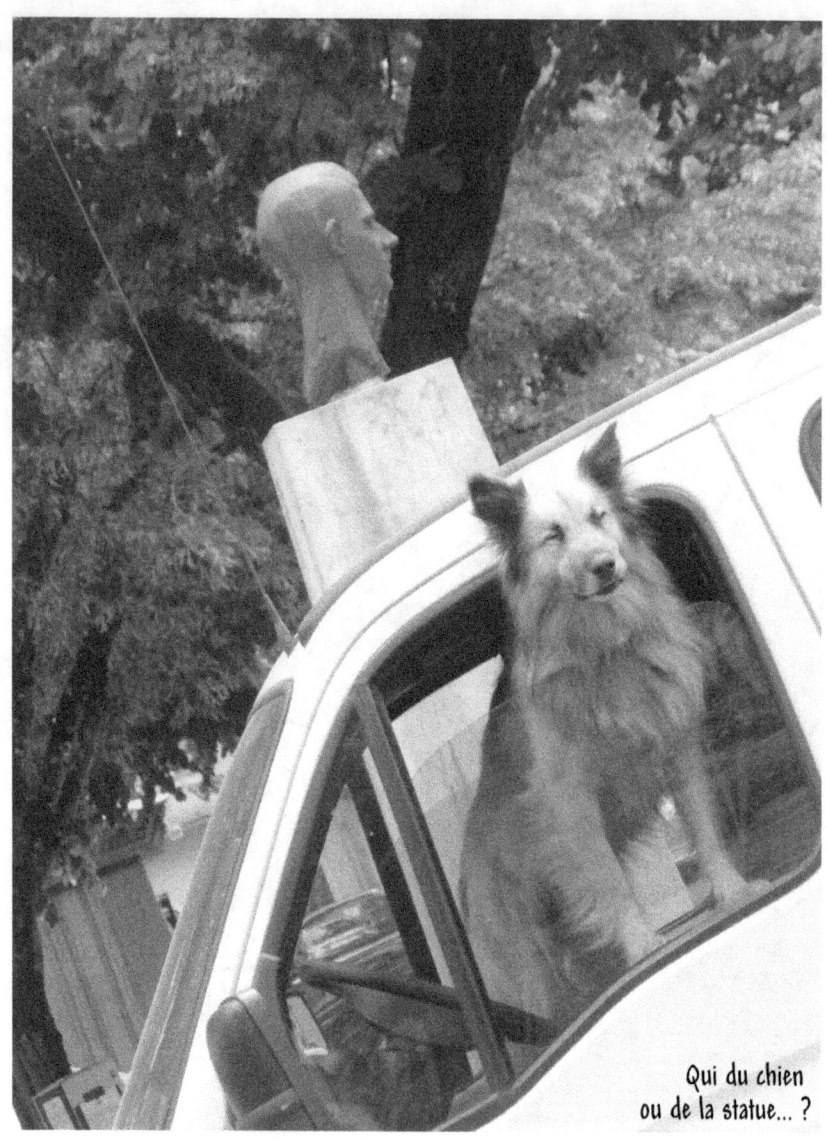
Qui du chien ou de la statue... ?

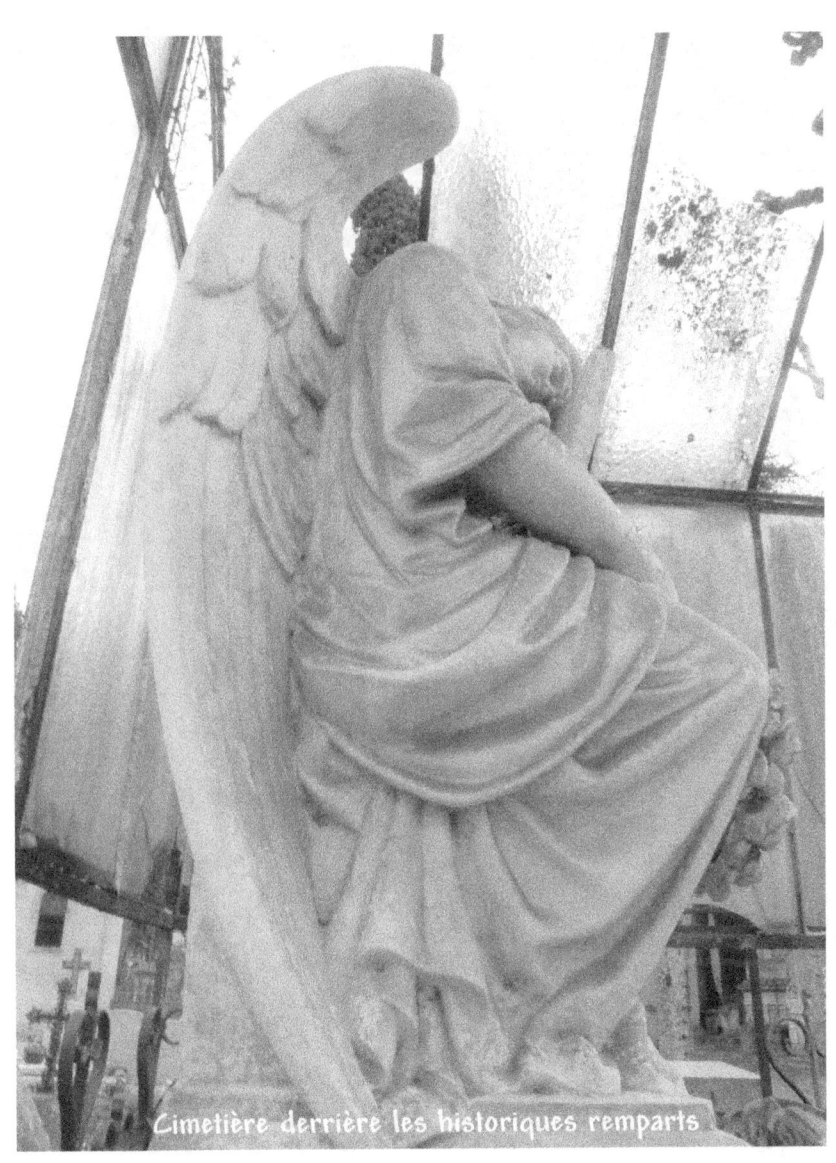
Cimetière derrière les historiques remparts

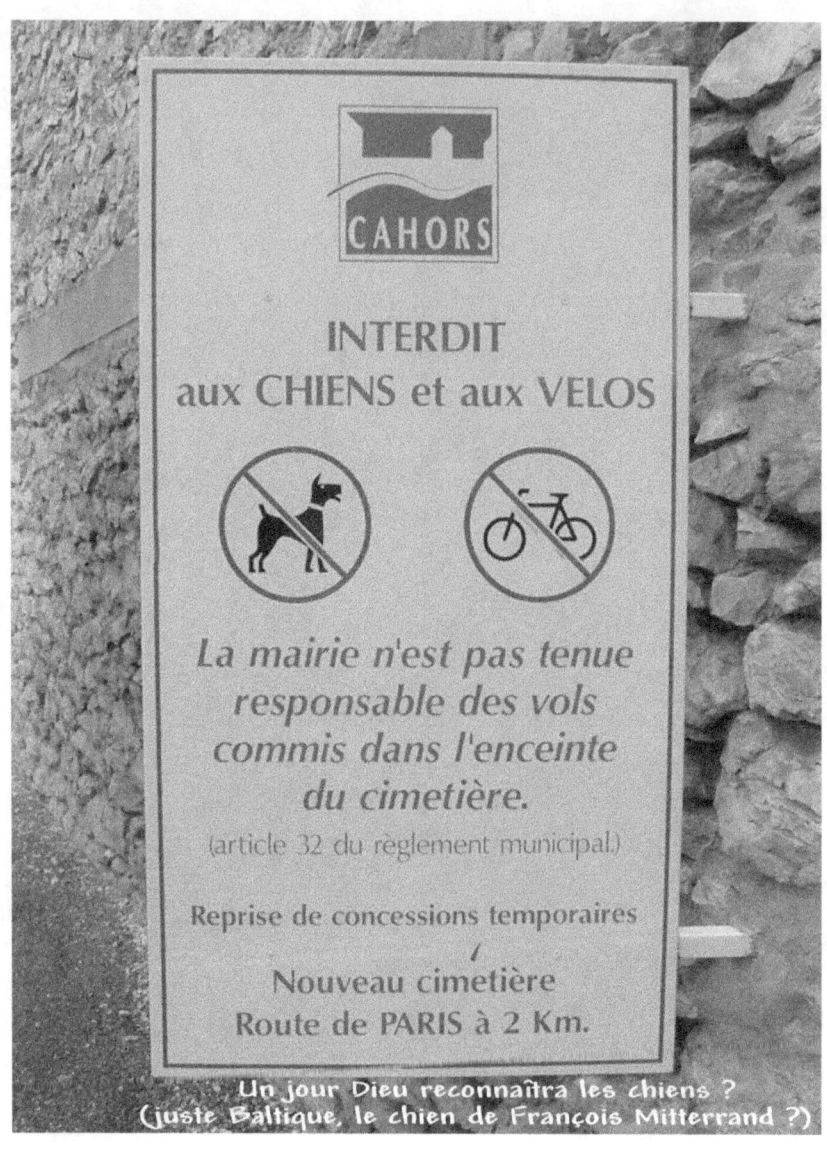

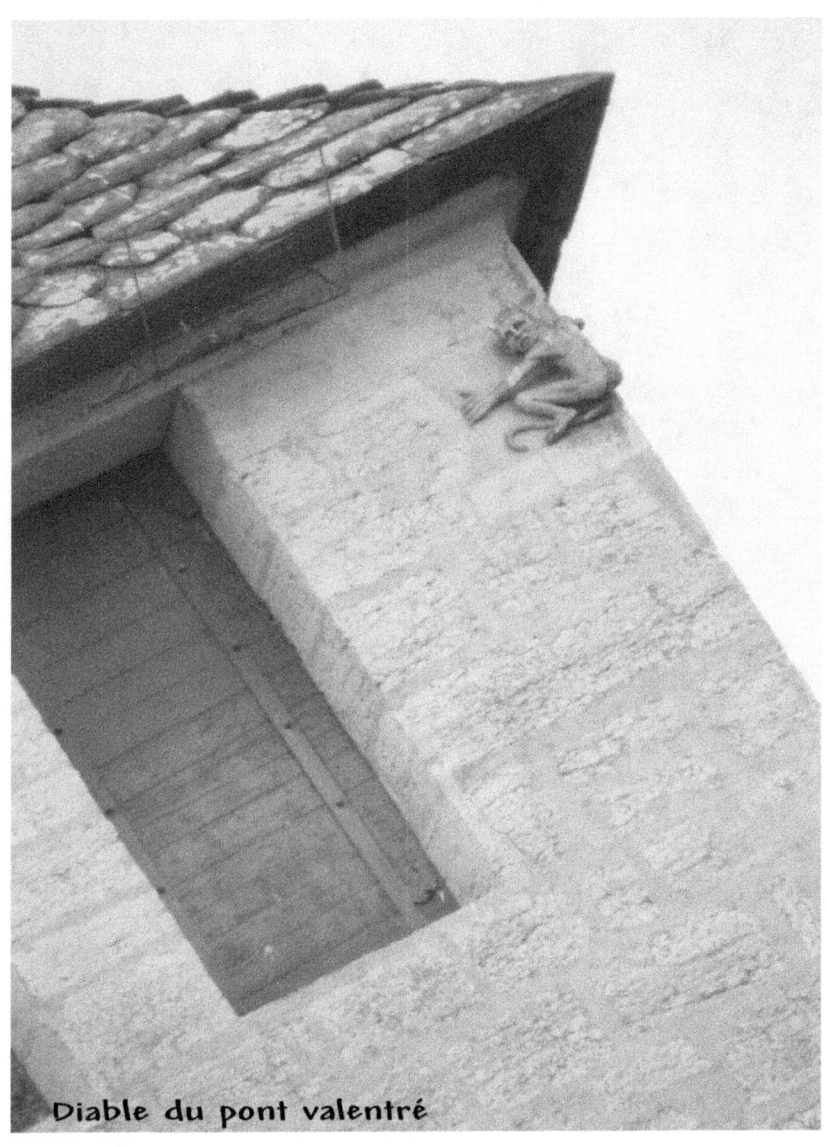
Diable du pont valentré

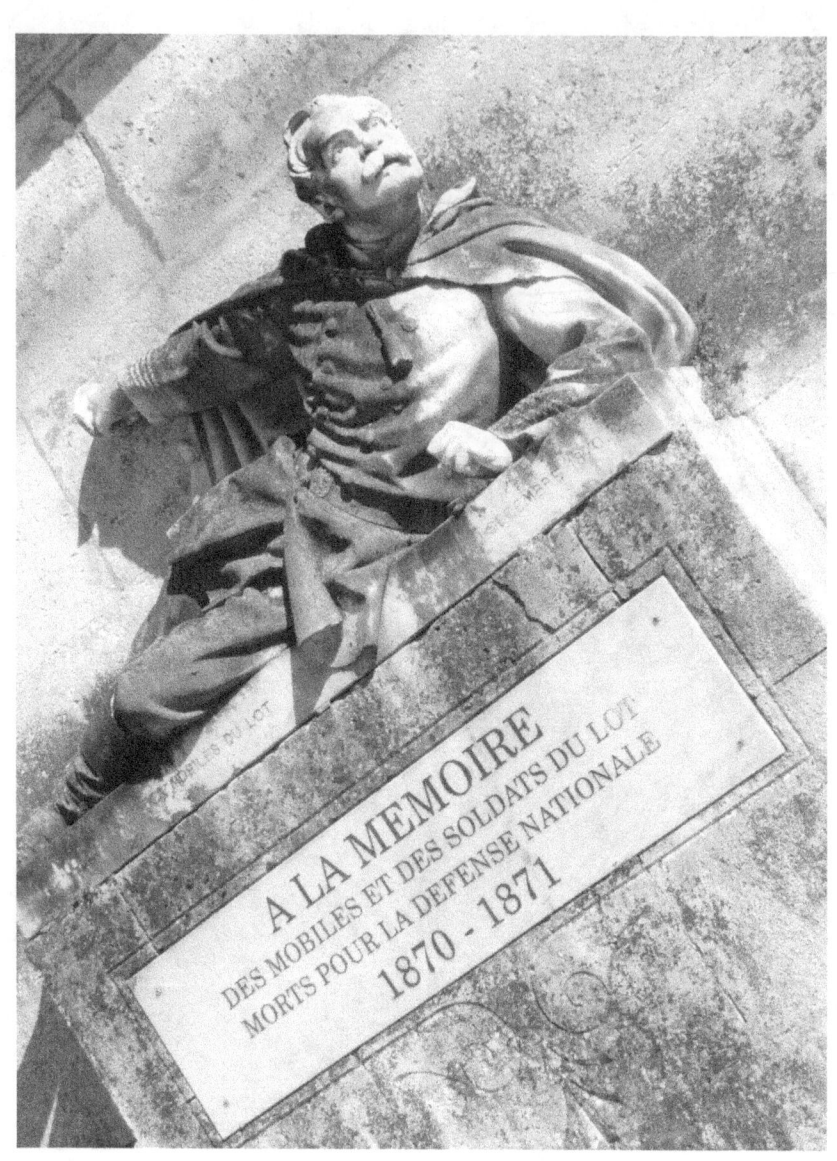

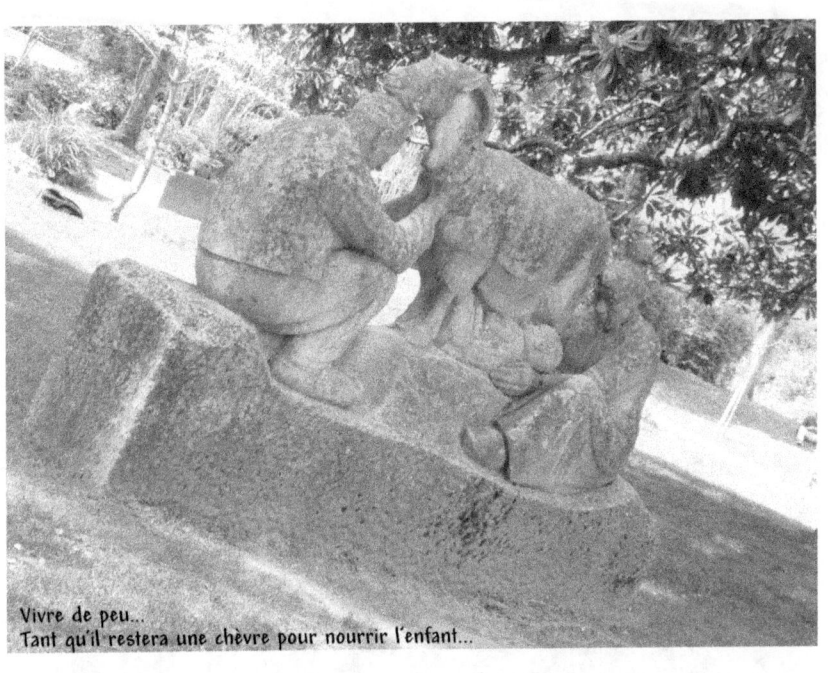

Vivre de peu...
Tant qu'il restera une chèvre pour nourrir l'enfant...

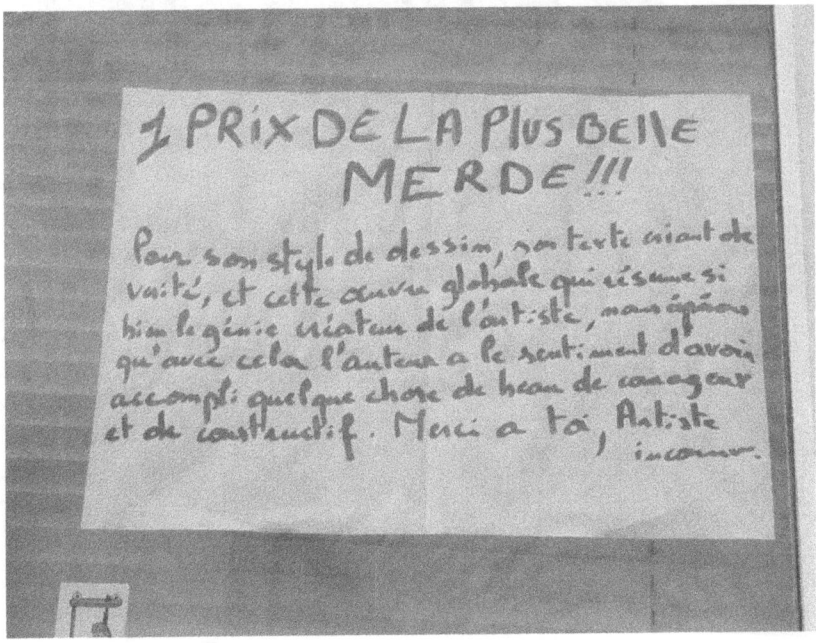

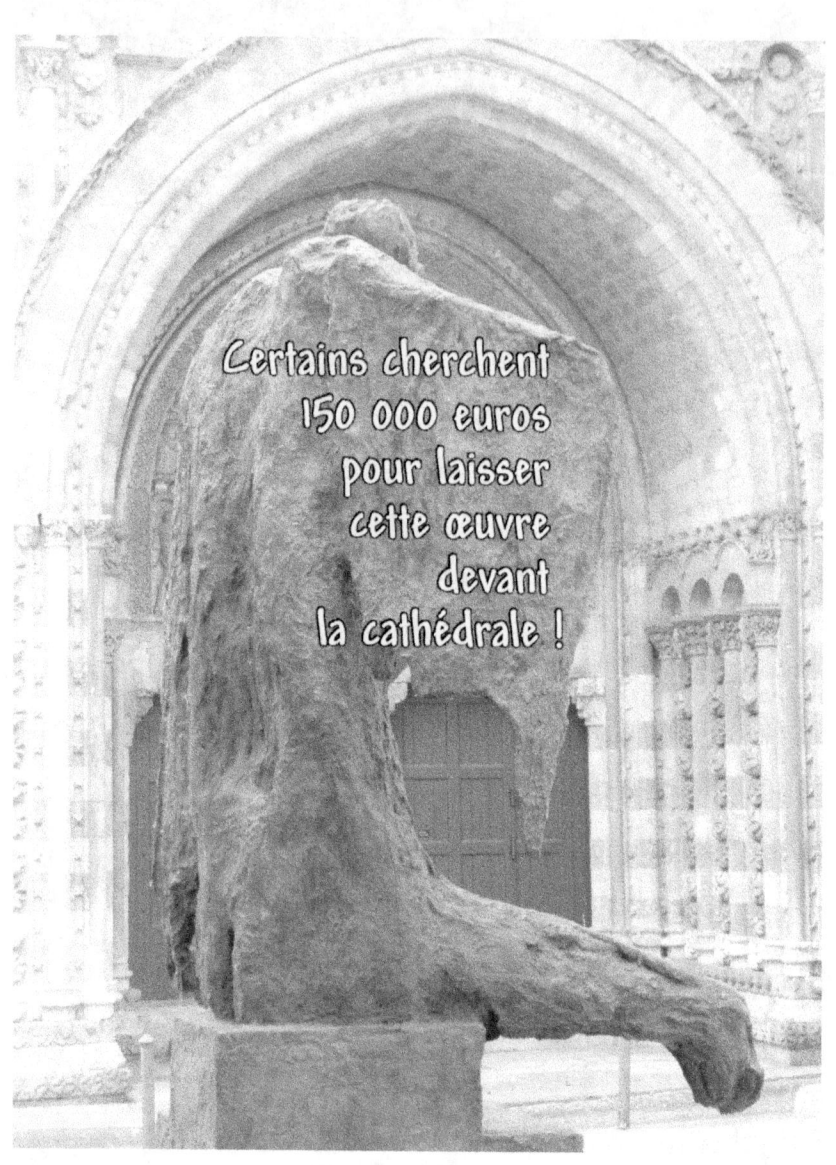

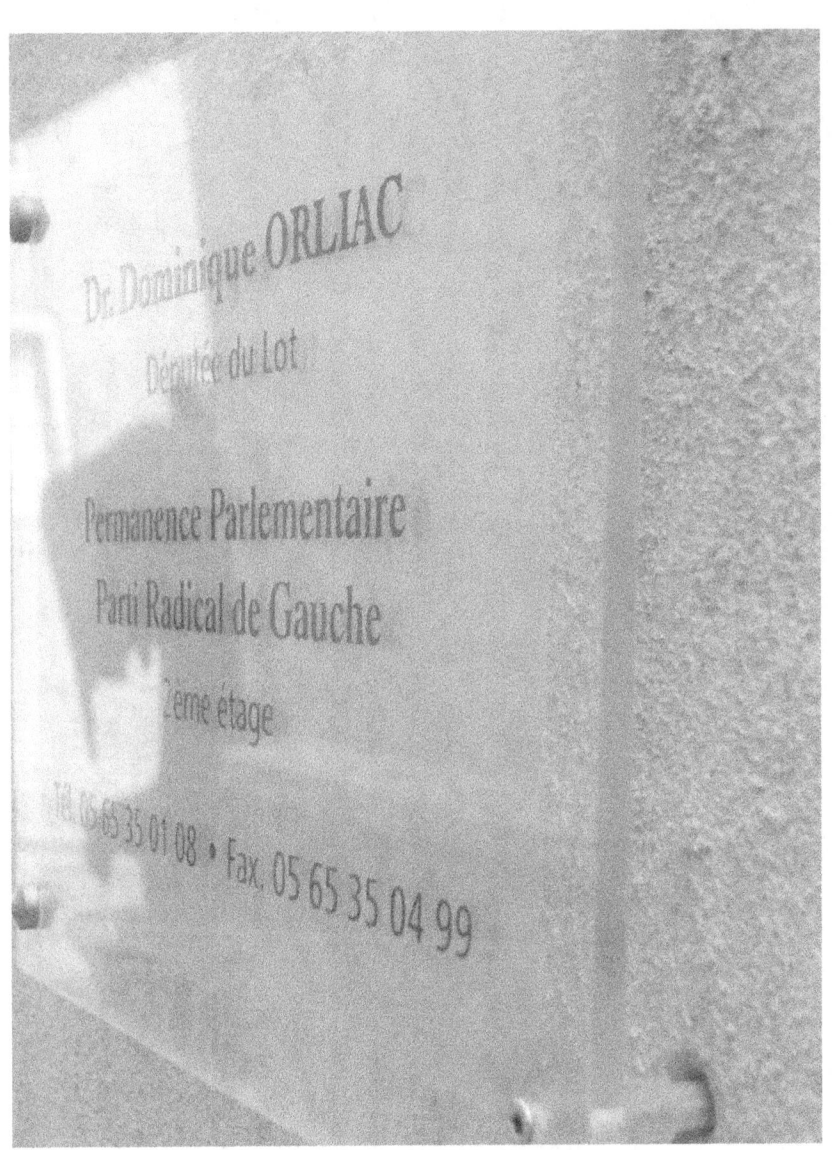

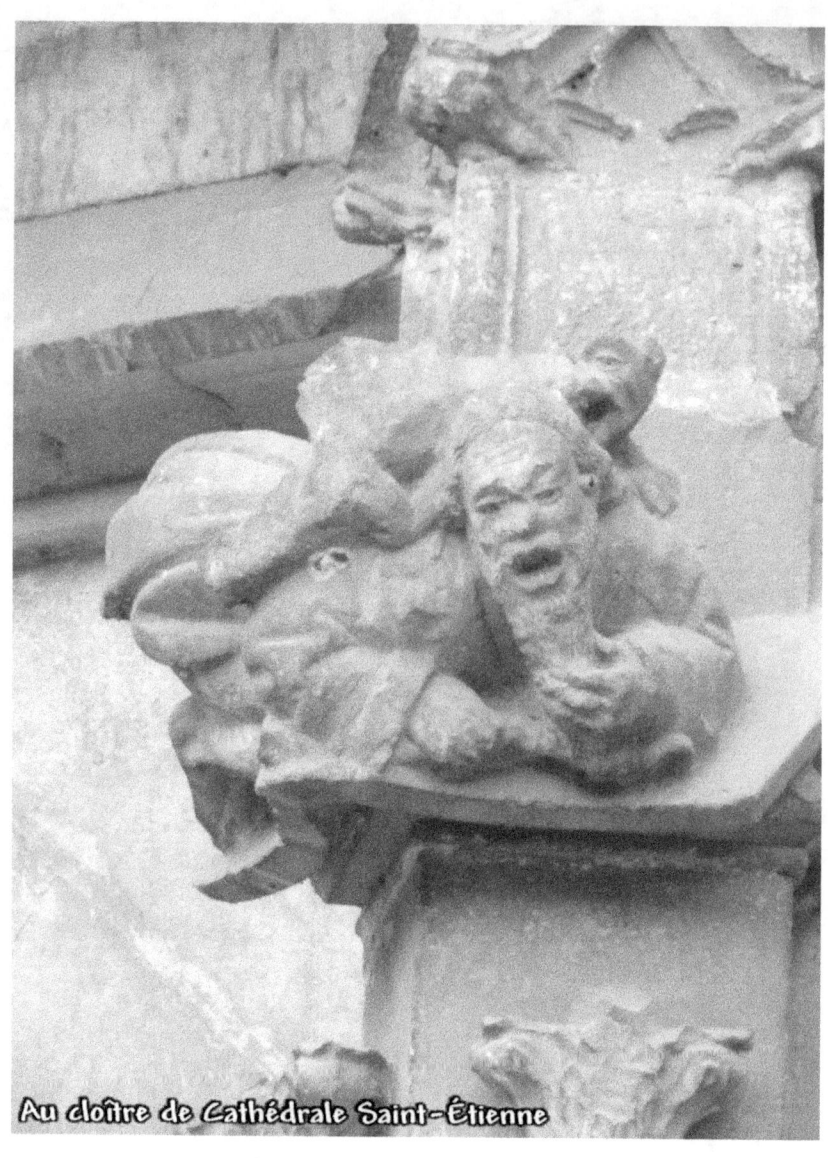
Au cloître de Cathédrale Saint-Étienne

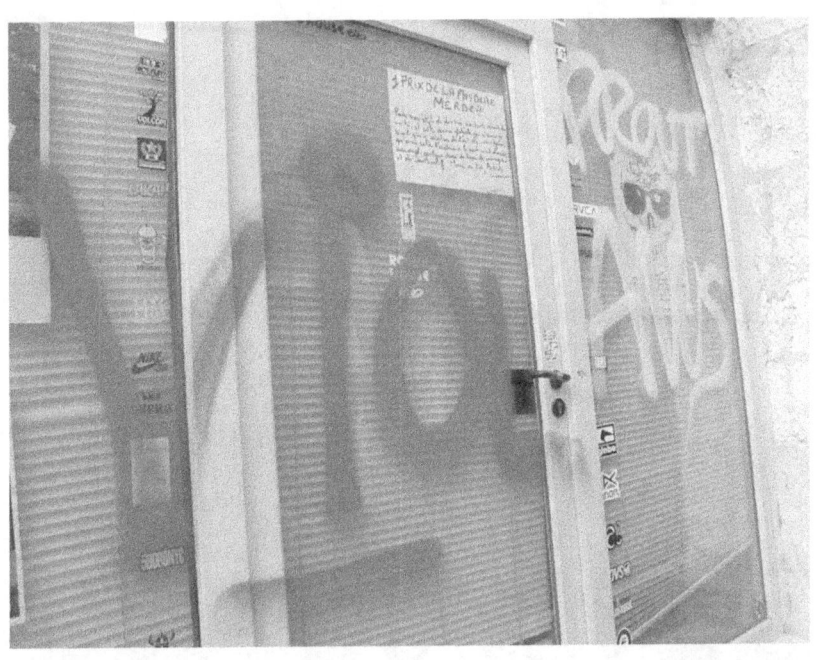

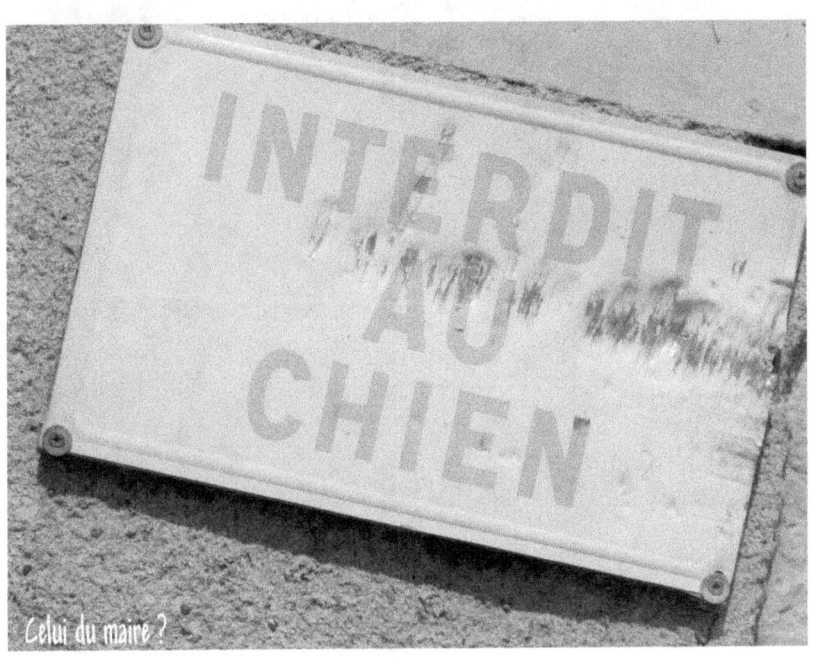

Celui du maire ?

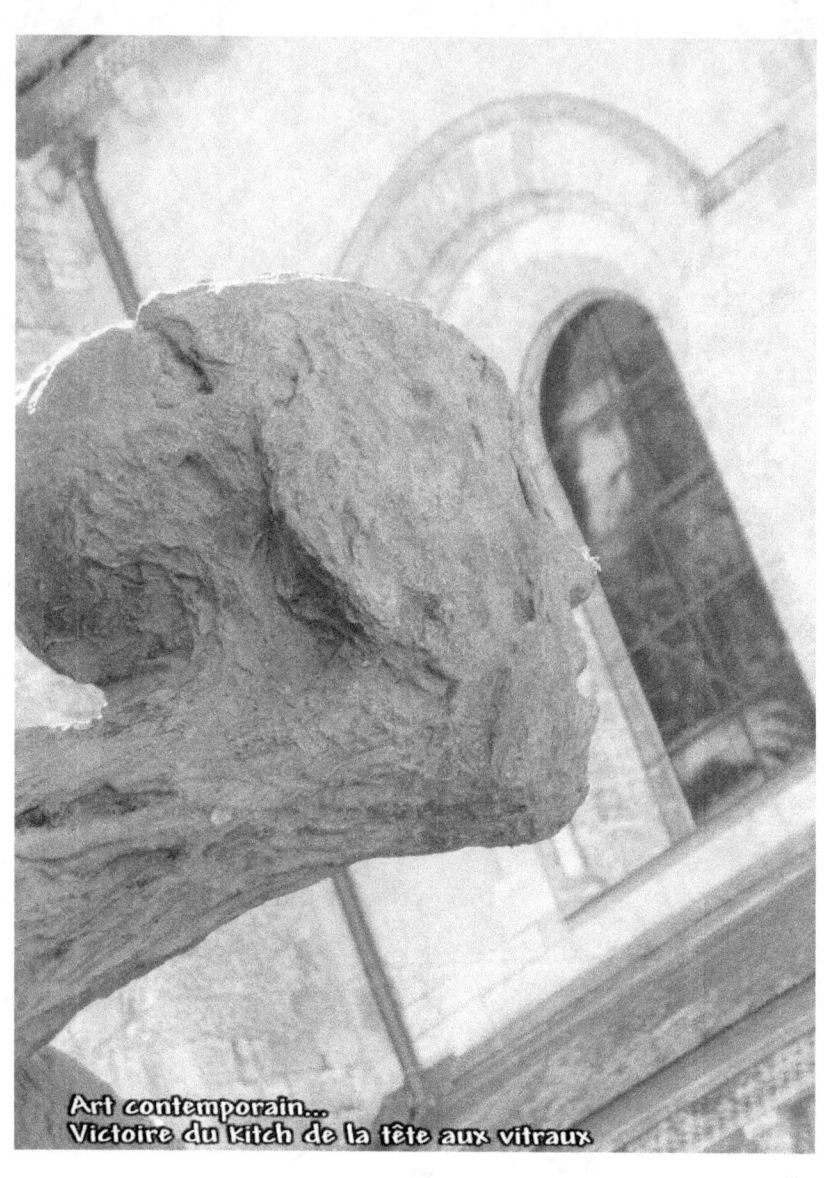
Art contemporain...
Victoire du kitch de la tête aux vitraux

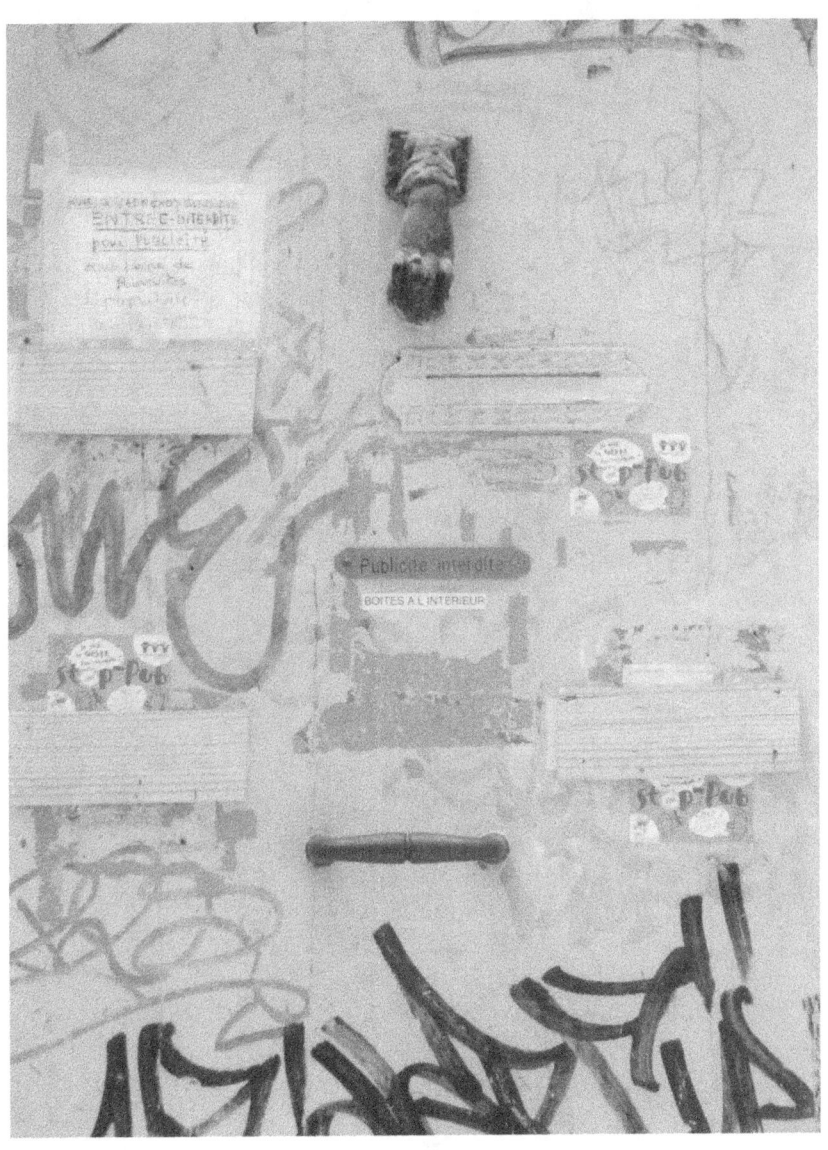

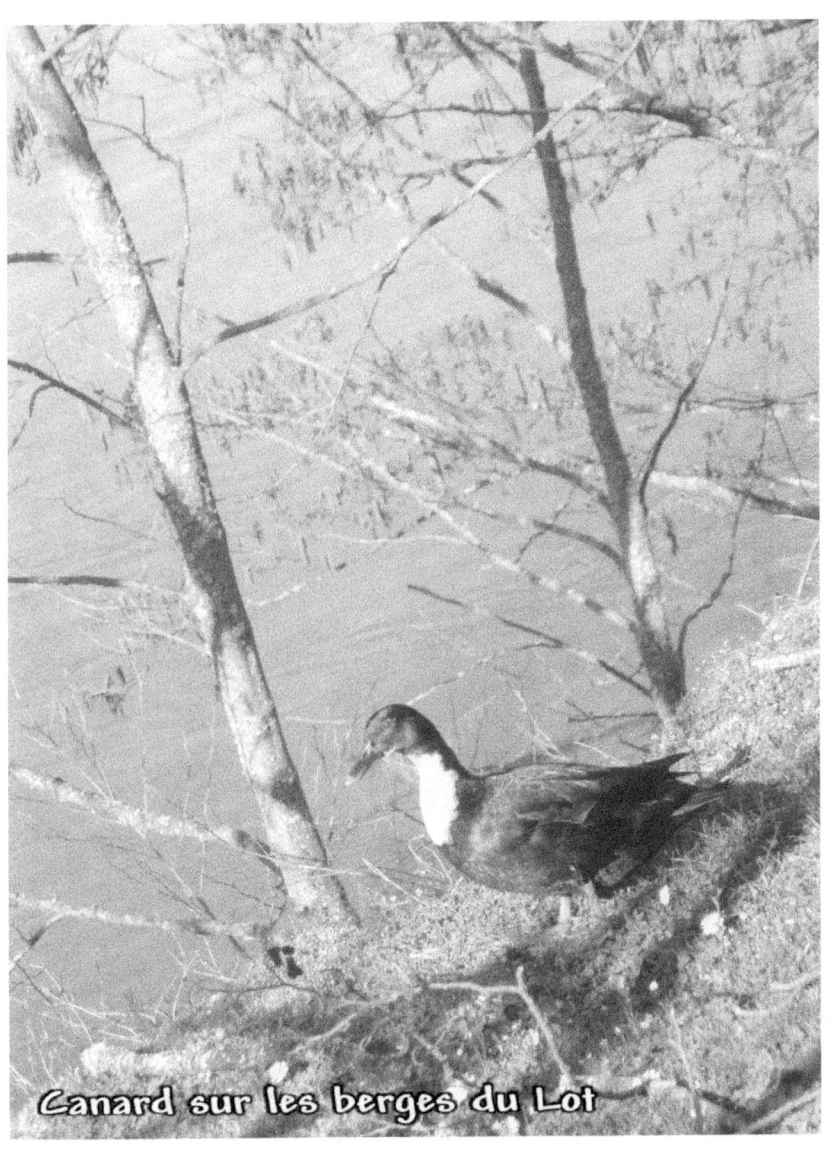
Canard sur les berges du Lot

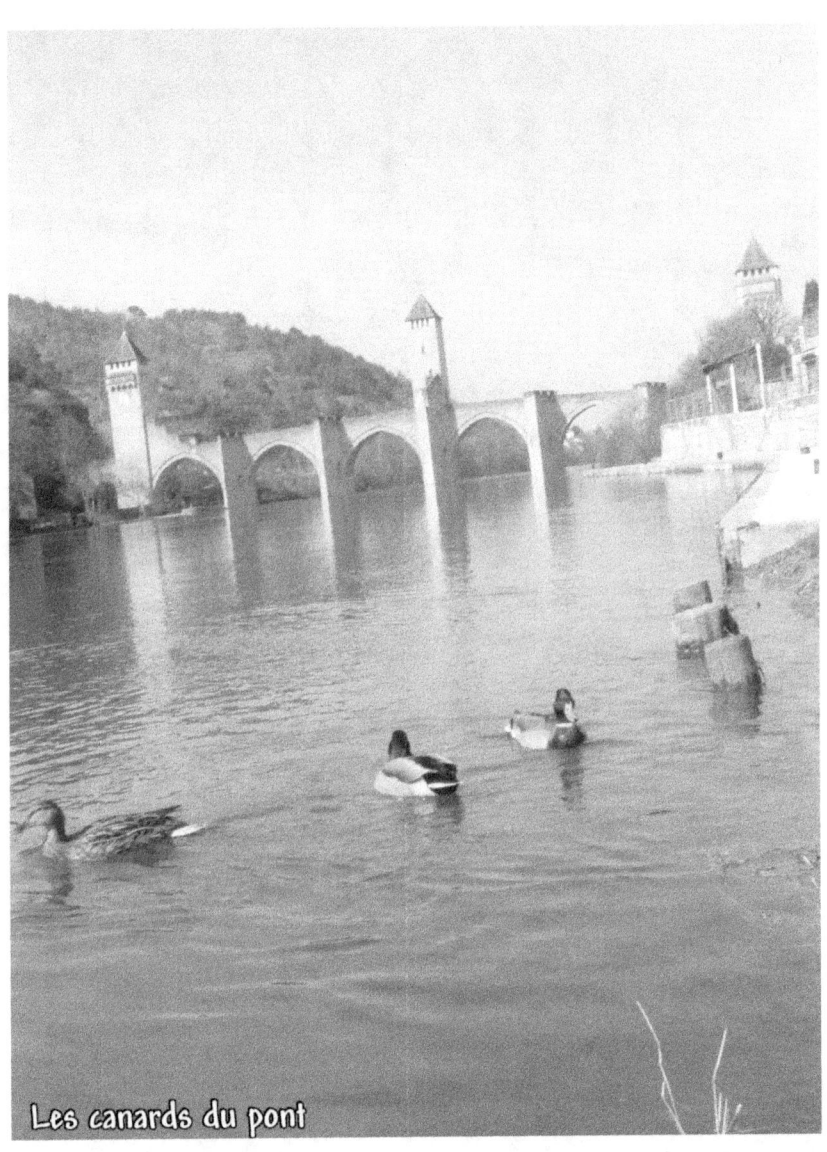

Les canards du pont

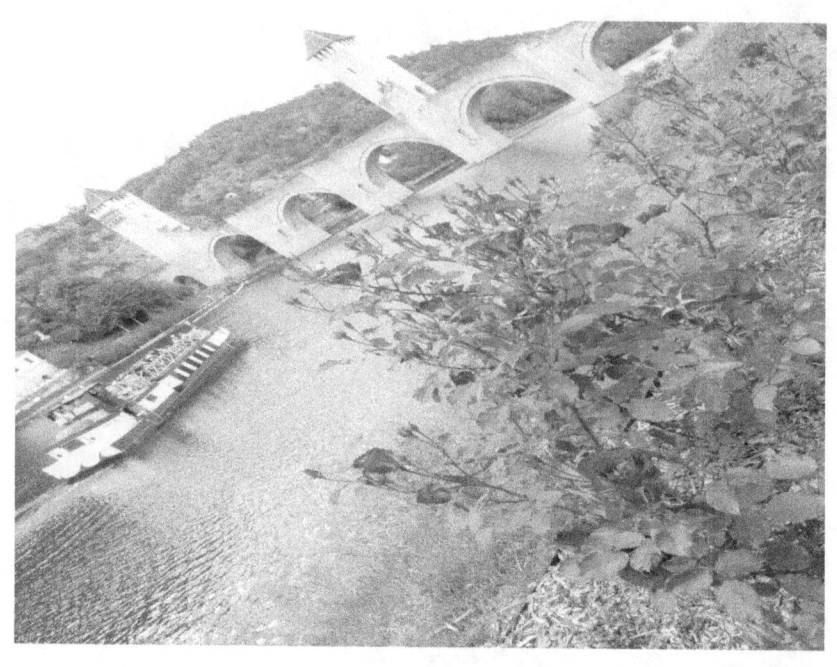

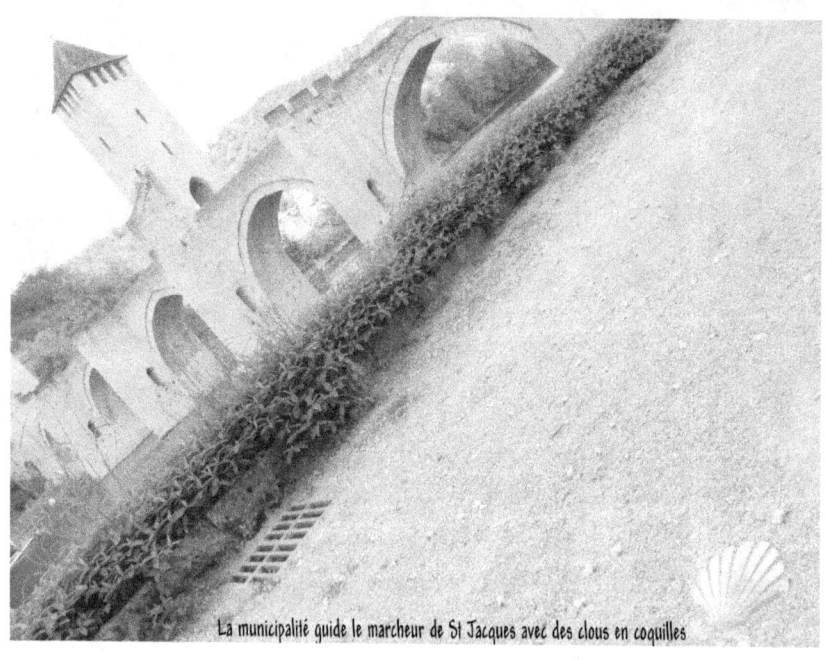

La municipalité guide le marcheur de St Jacques avec des clous en coquilles

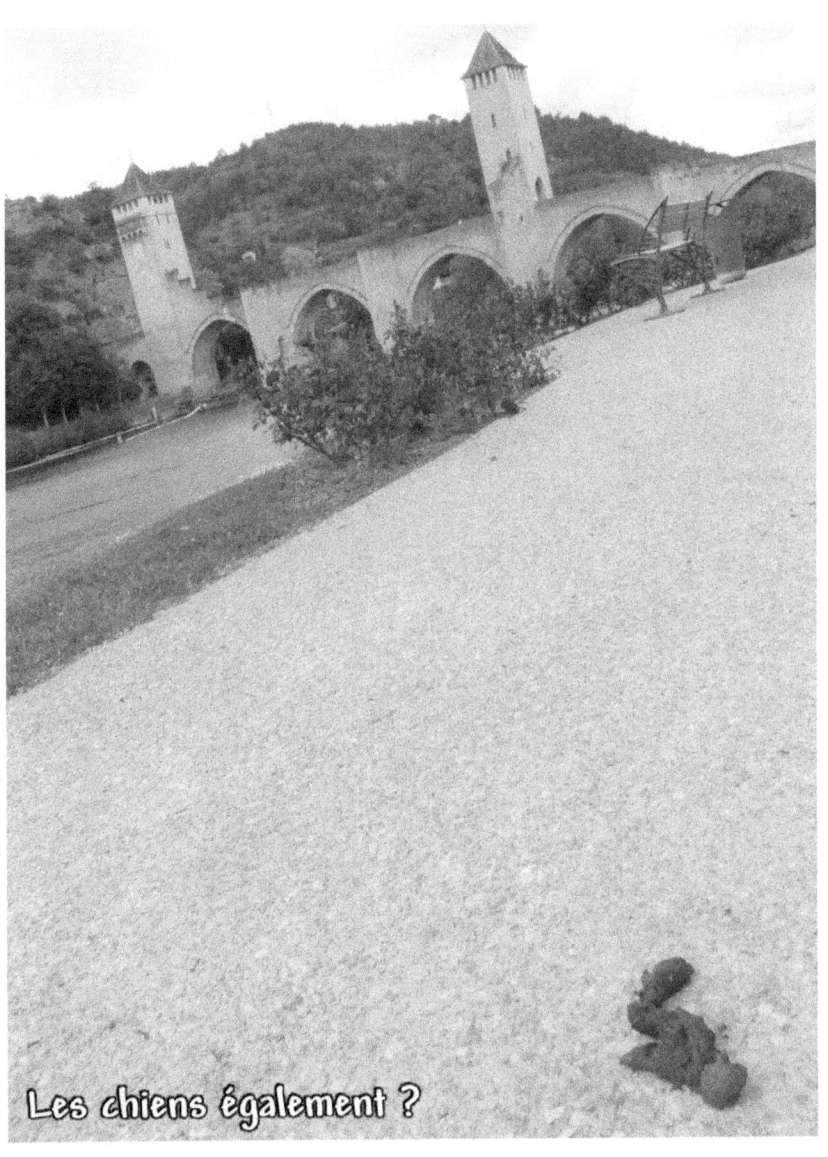

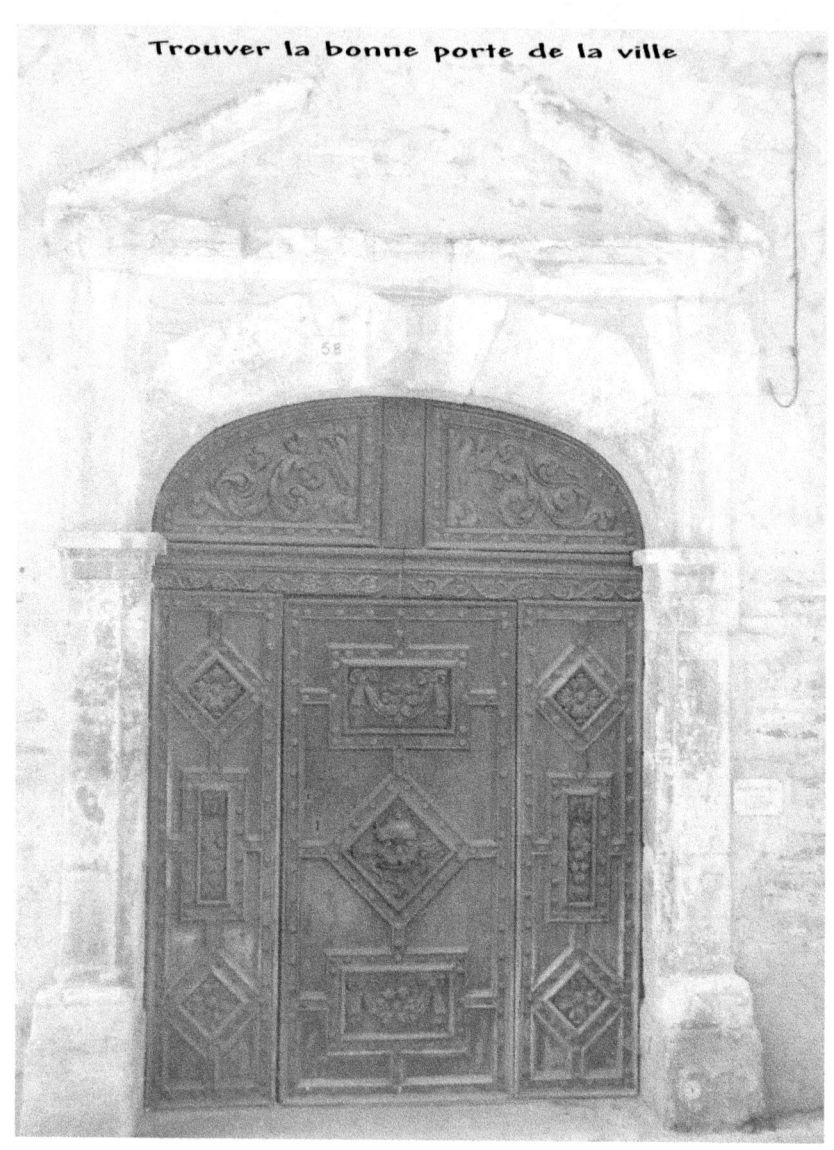
Trouver la bonne porte de la ville

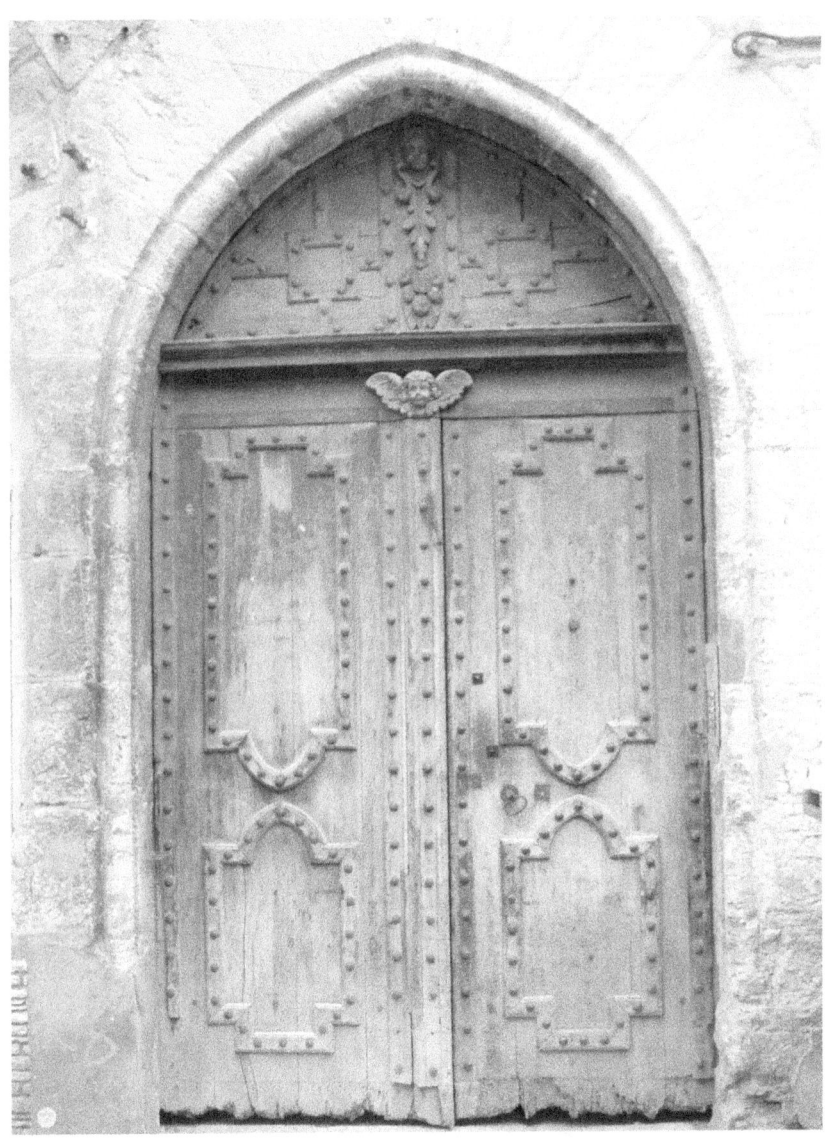

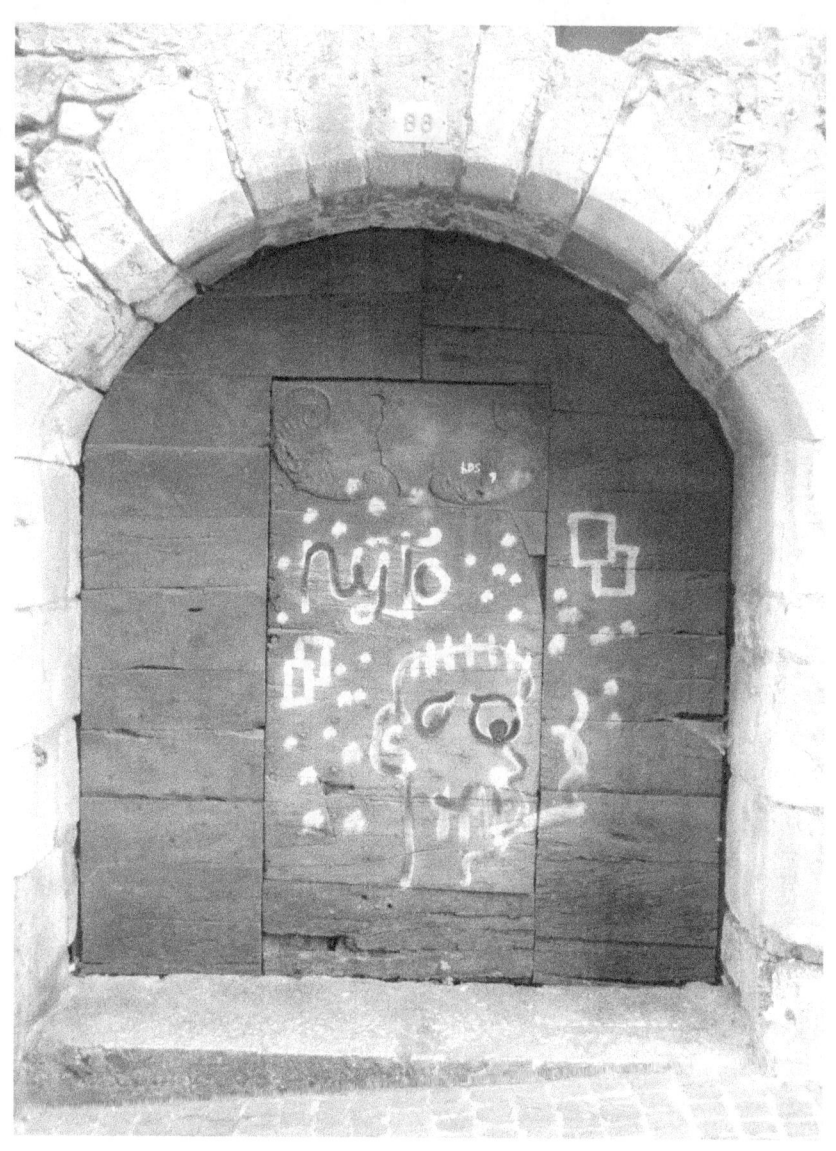

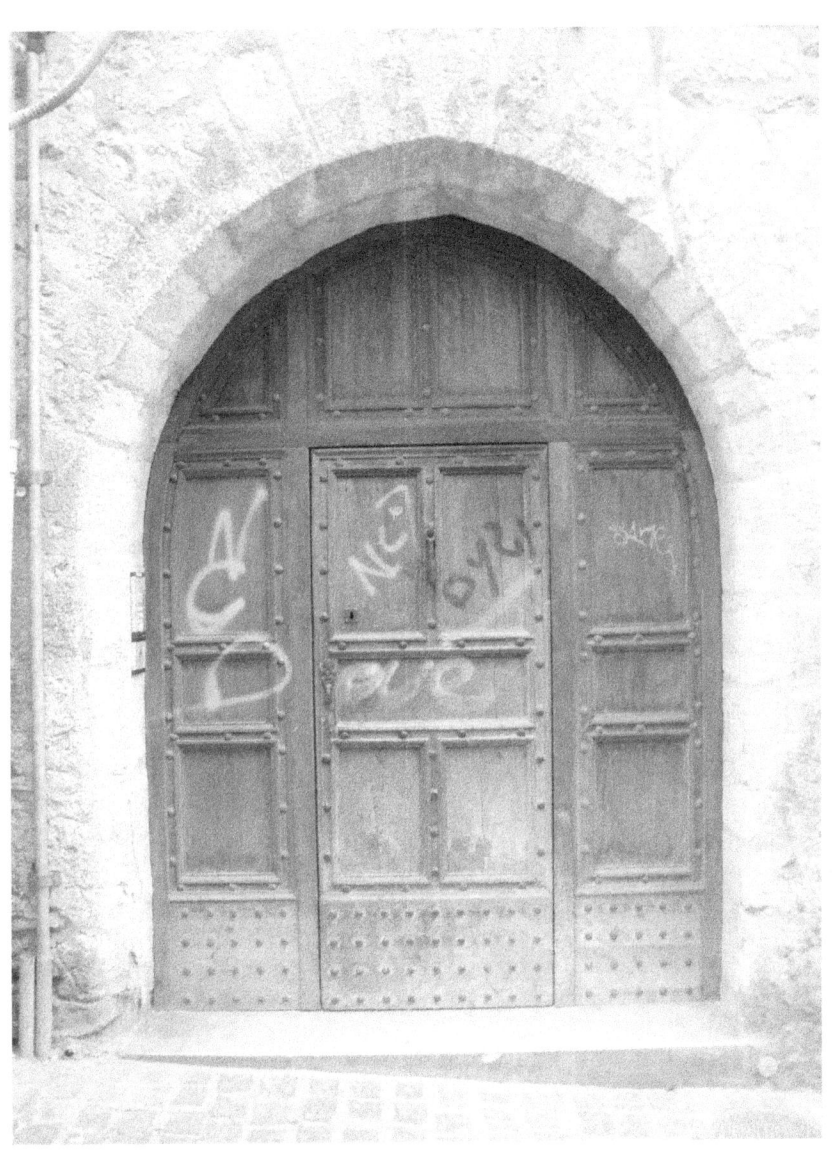

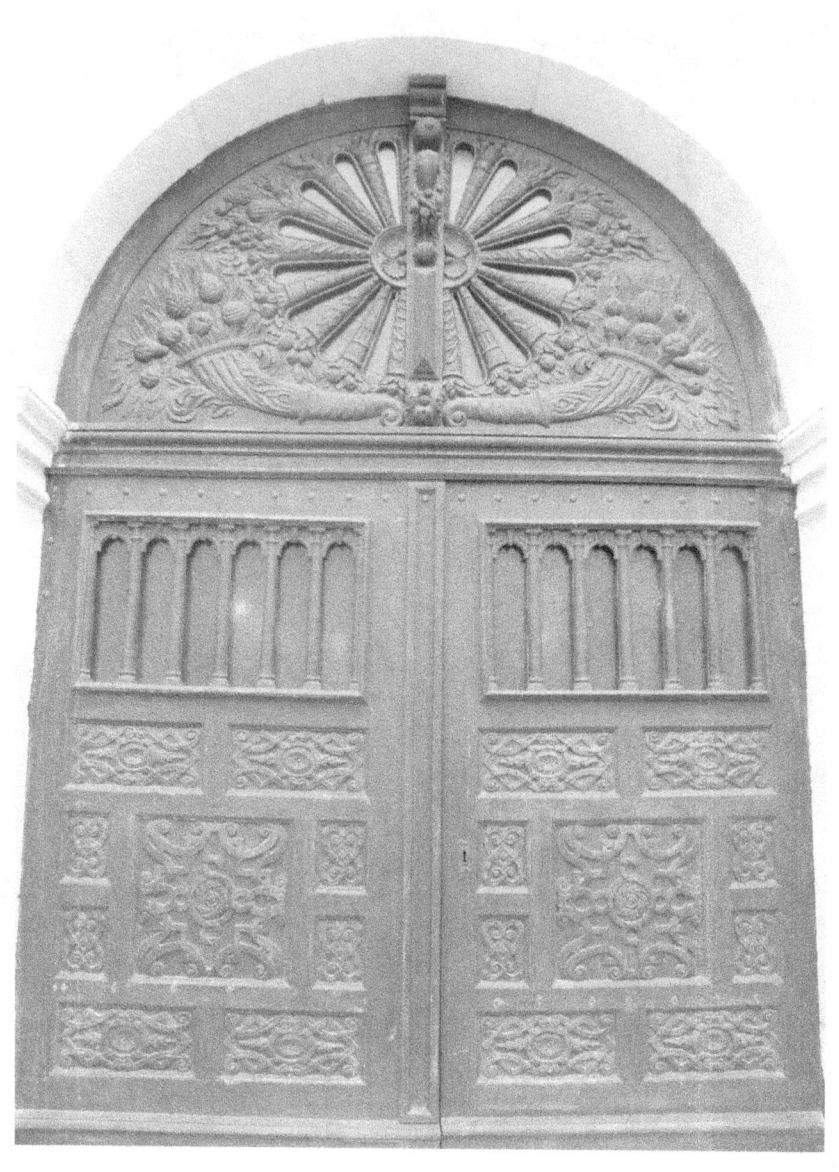

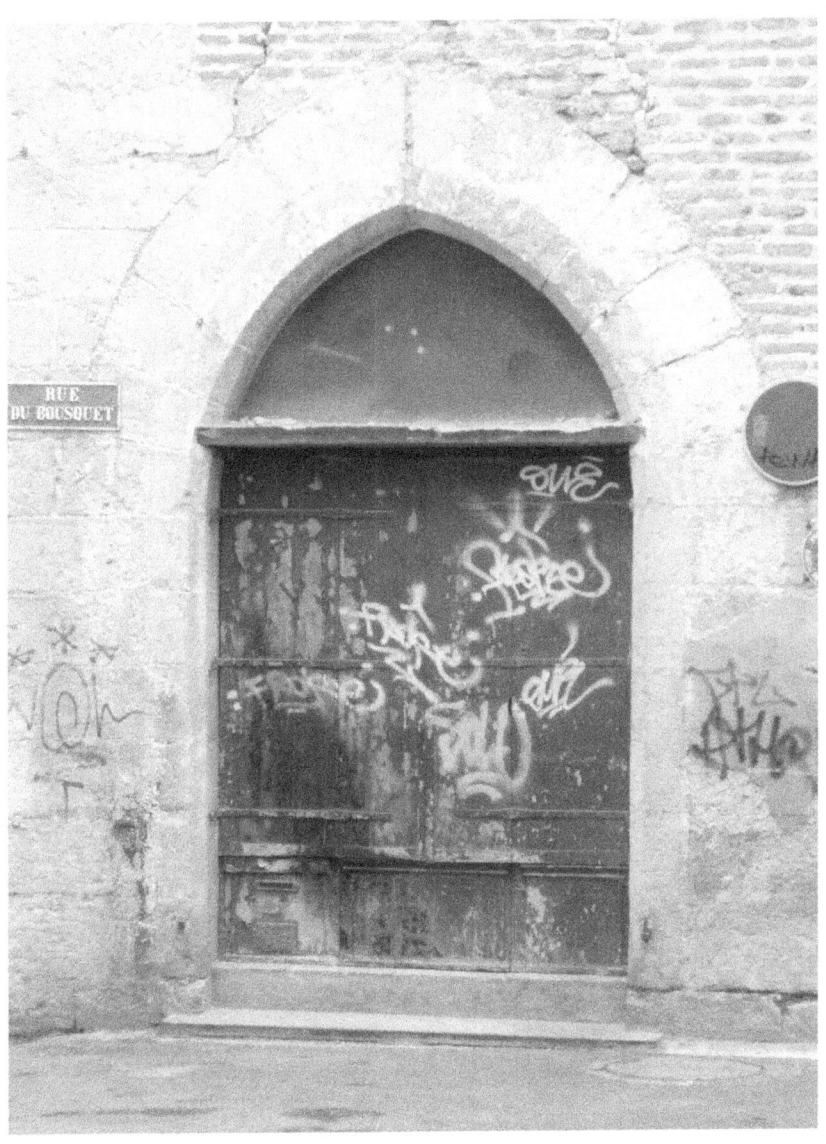

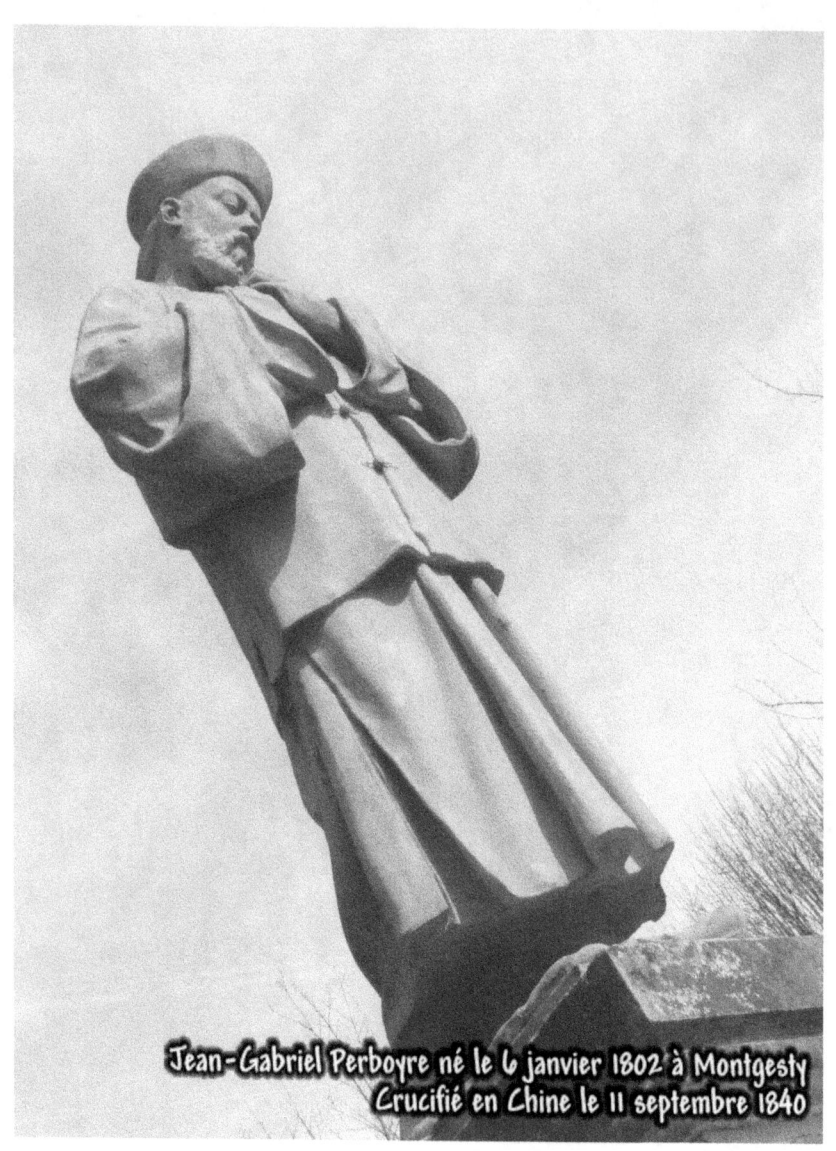

Jean-Gabriel Perboyre né le 6 janvier 1802 à Montgesty
Crucifié en Chine le 11 septembre 1840

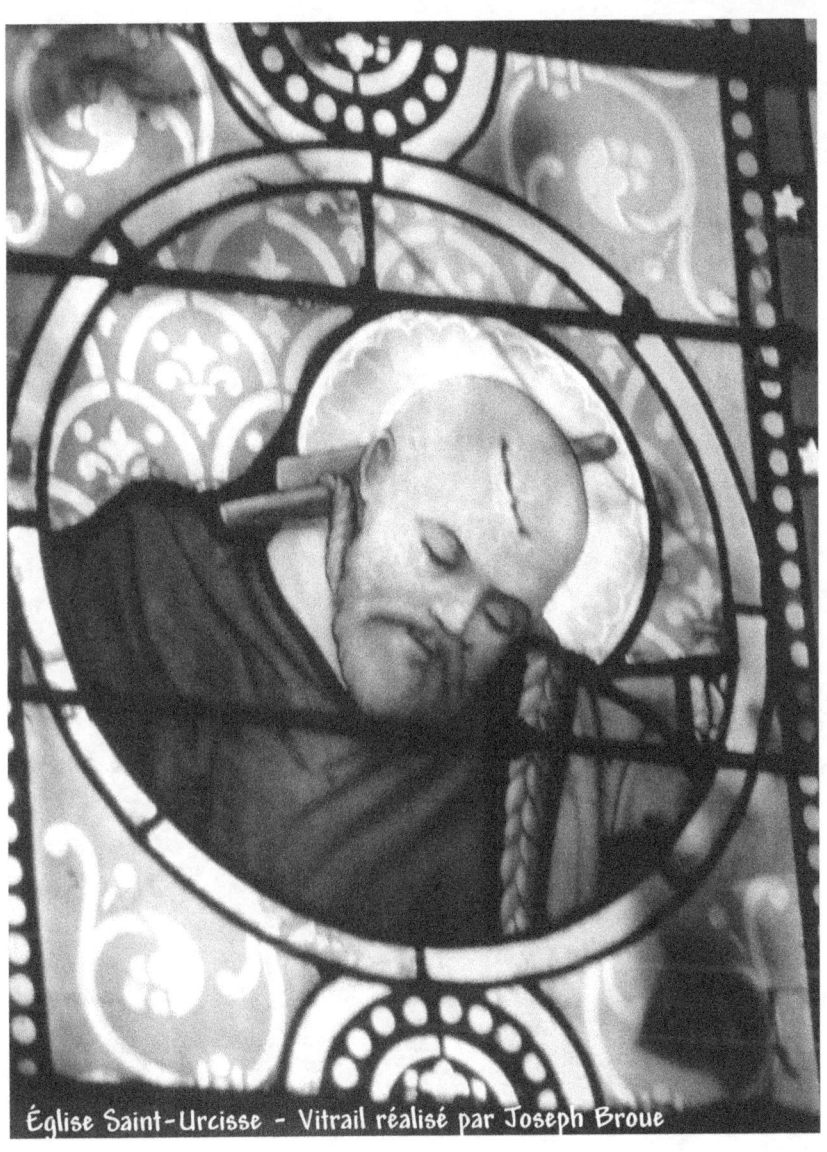
Église Saint-Urcisse - Vitrail réalisé par Joseph Broue

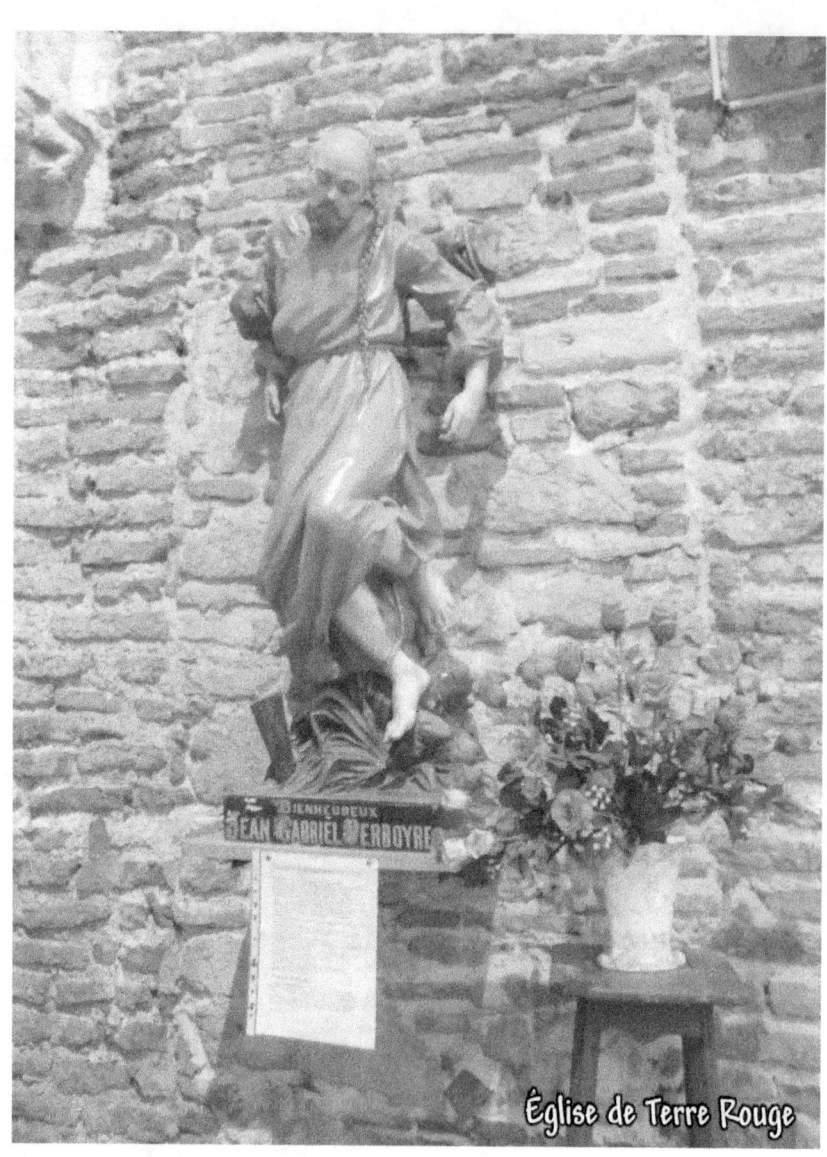

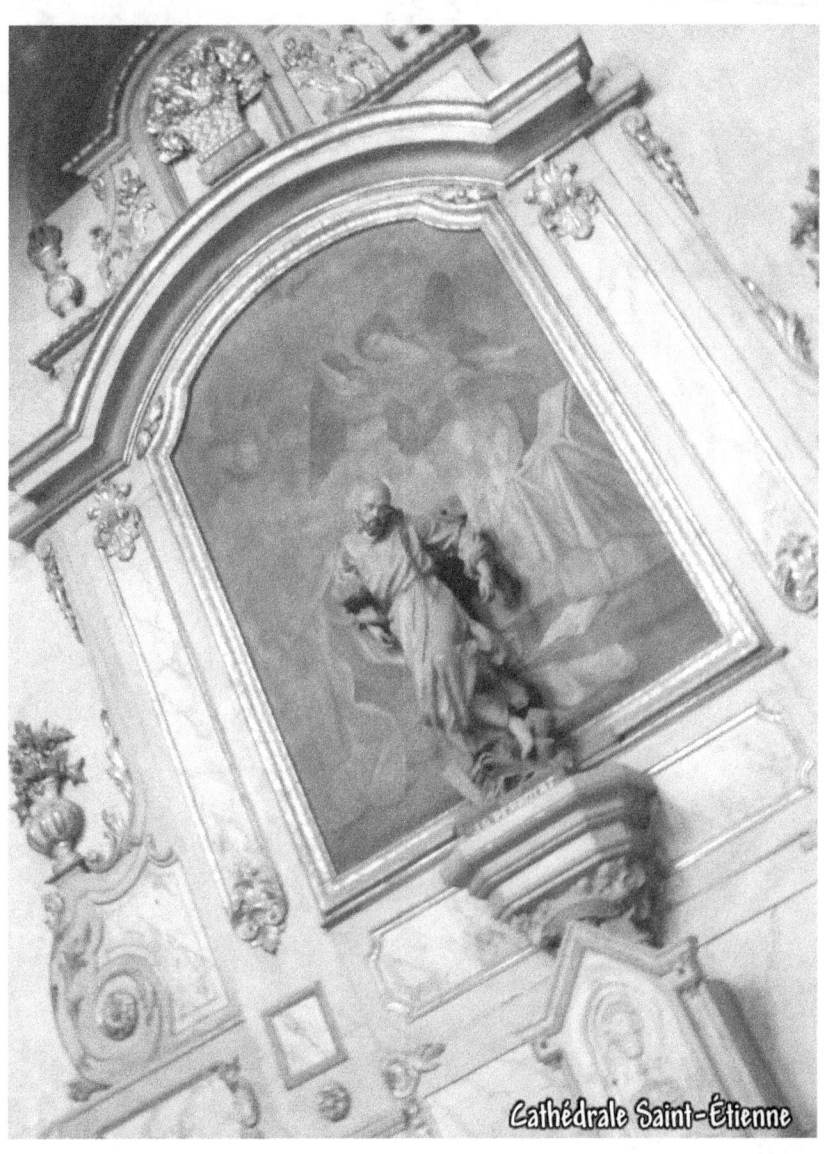

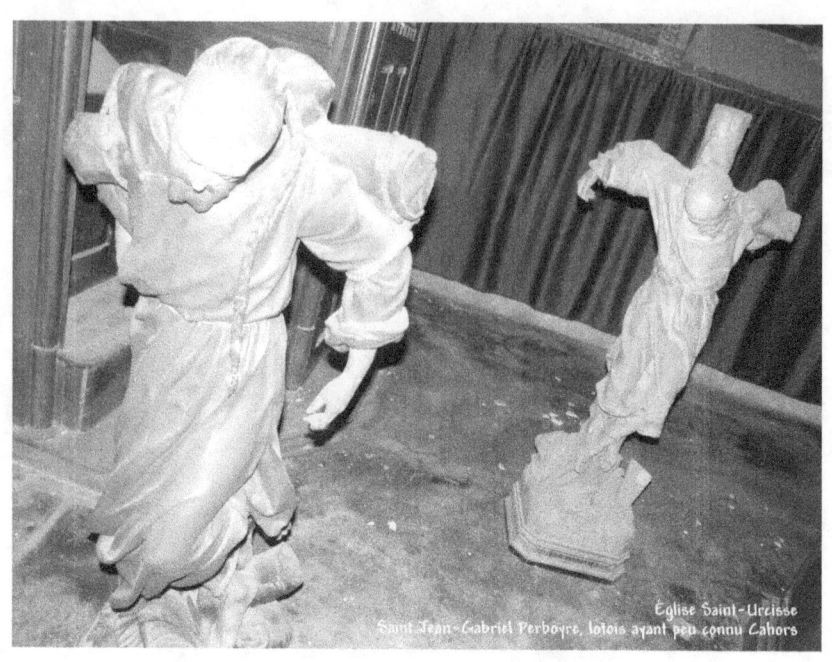

Église Saint-Urcisse
Saint Jean-Gabriel Perboyre, lotois ayant peu connu Cahors

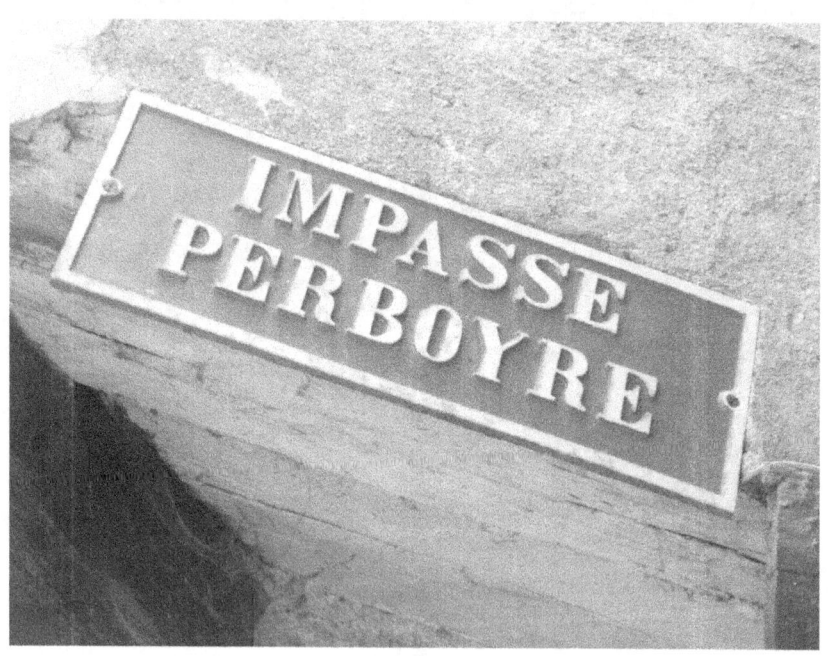

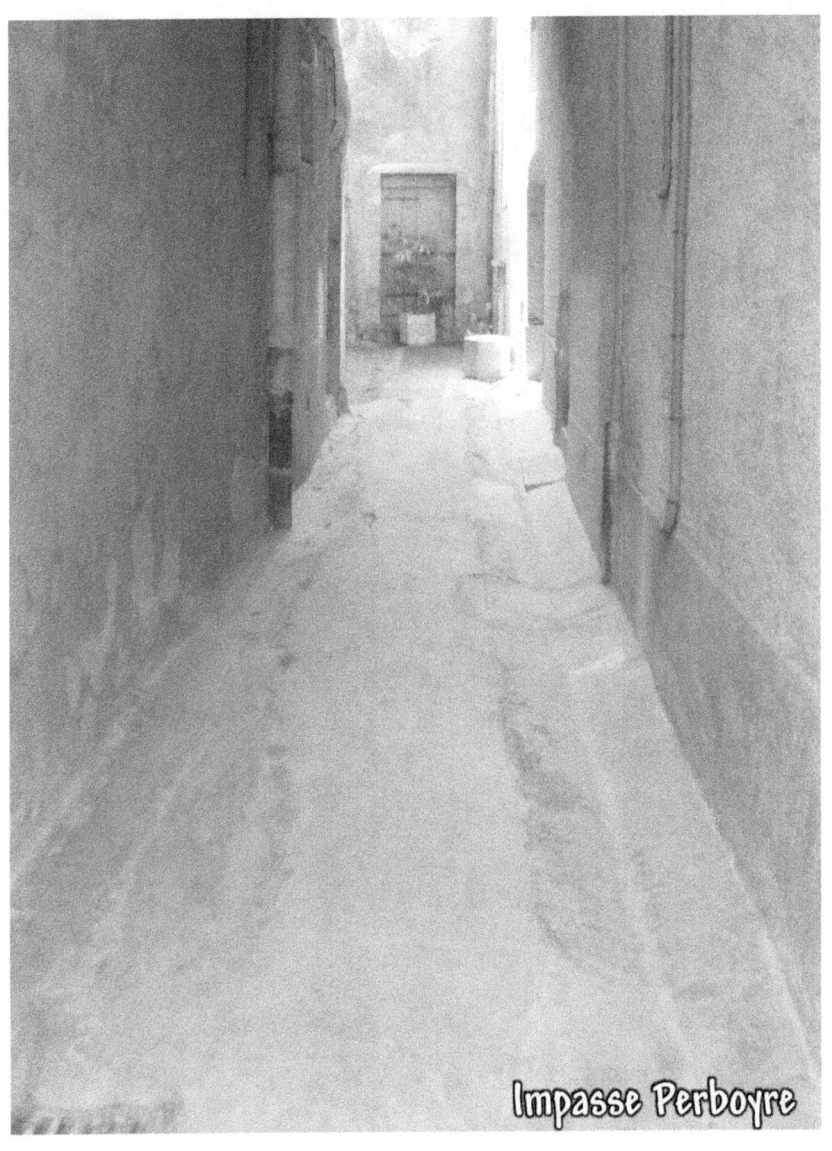

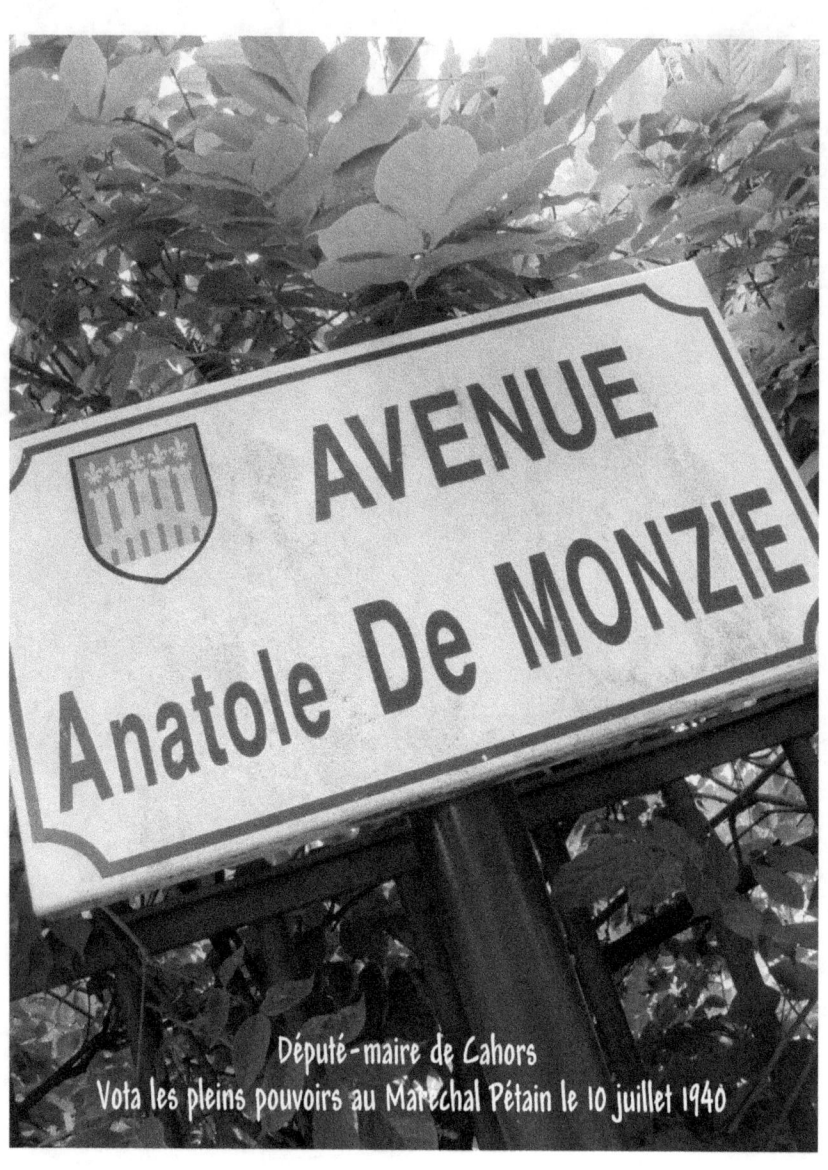

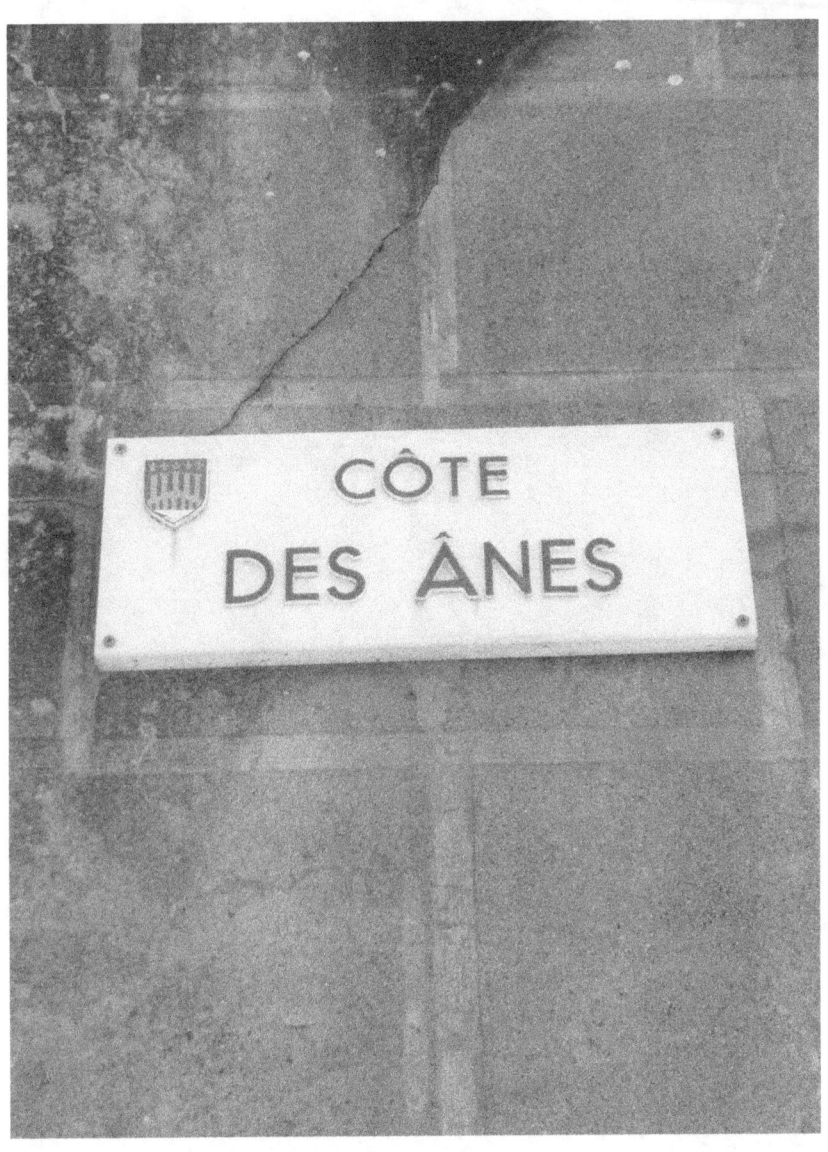

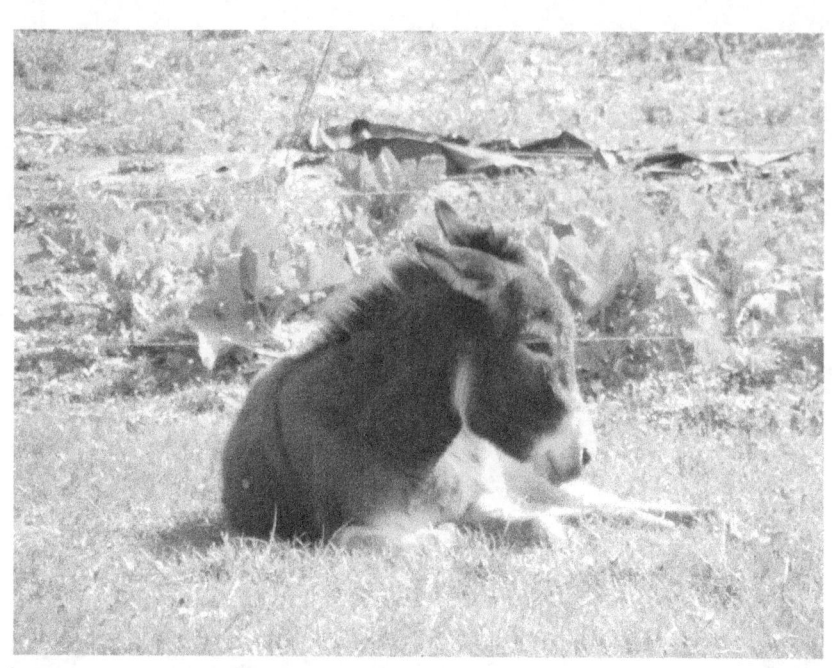

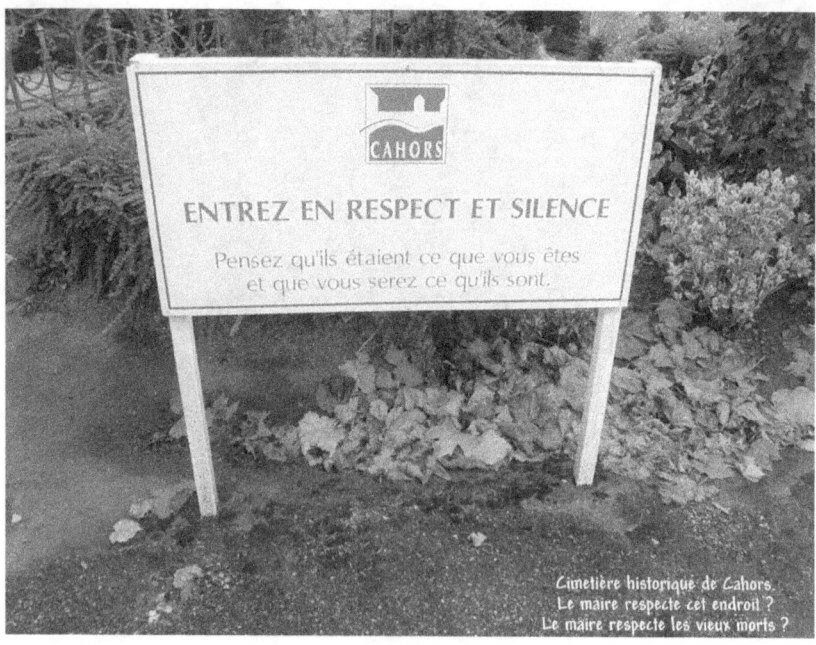

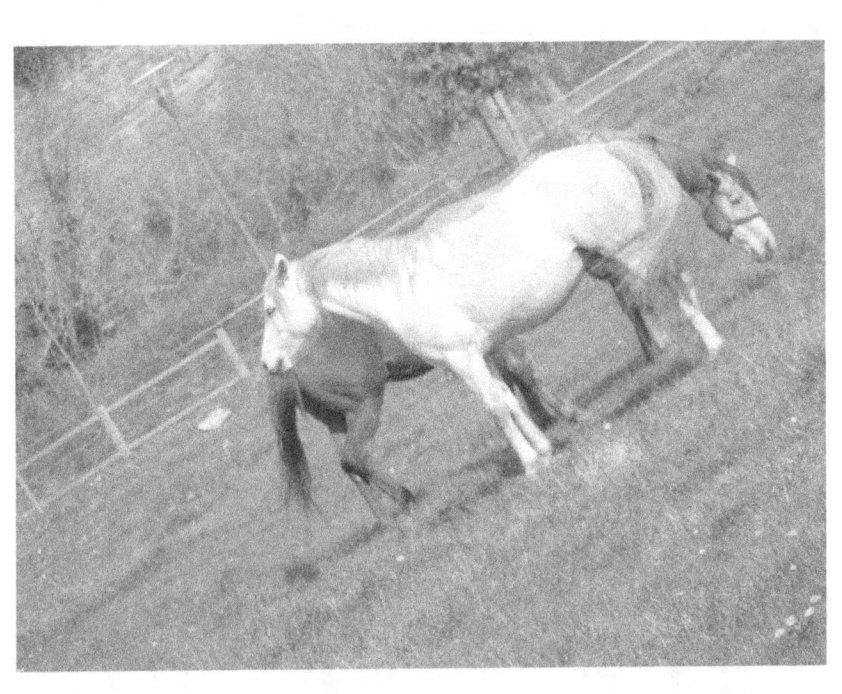

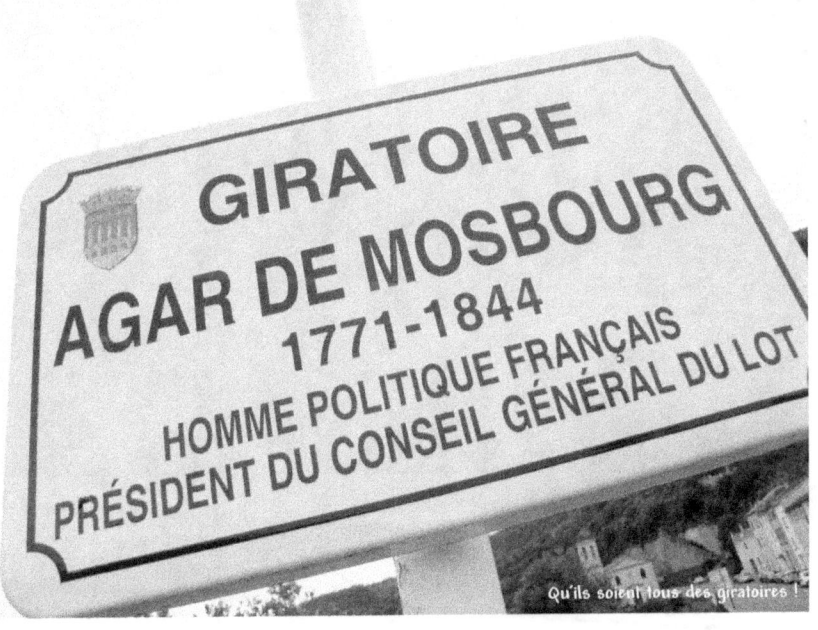

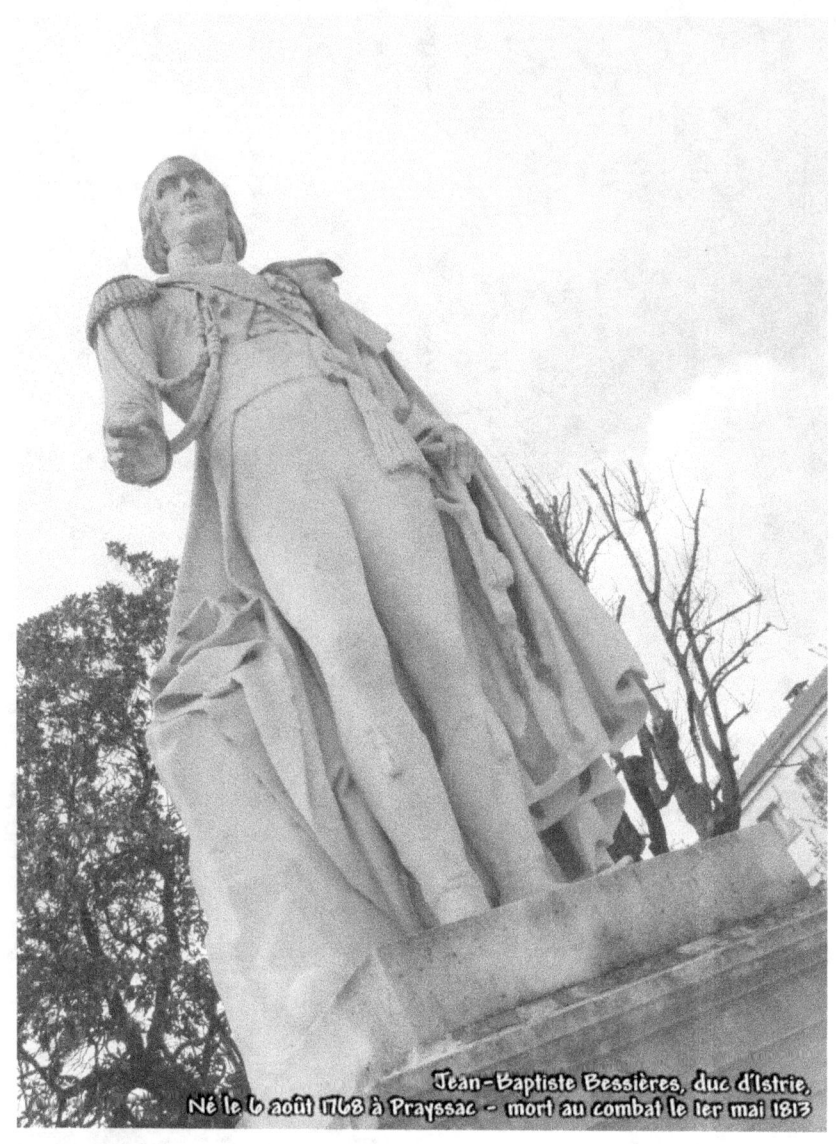
Jean-Baptiste Bessières, duc d'Istrie,
Né le 6 août 1768 à Prayssac – mort au combat le 1er mai 1813

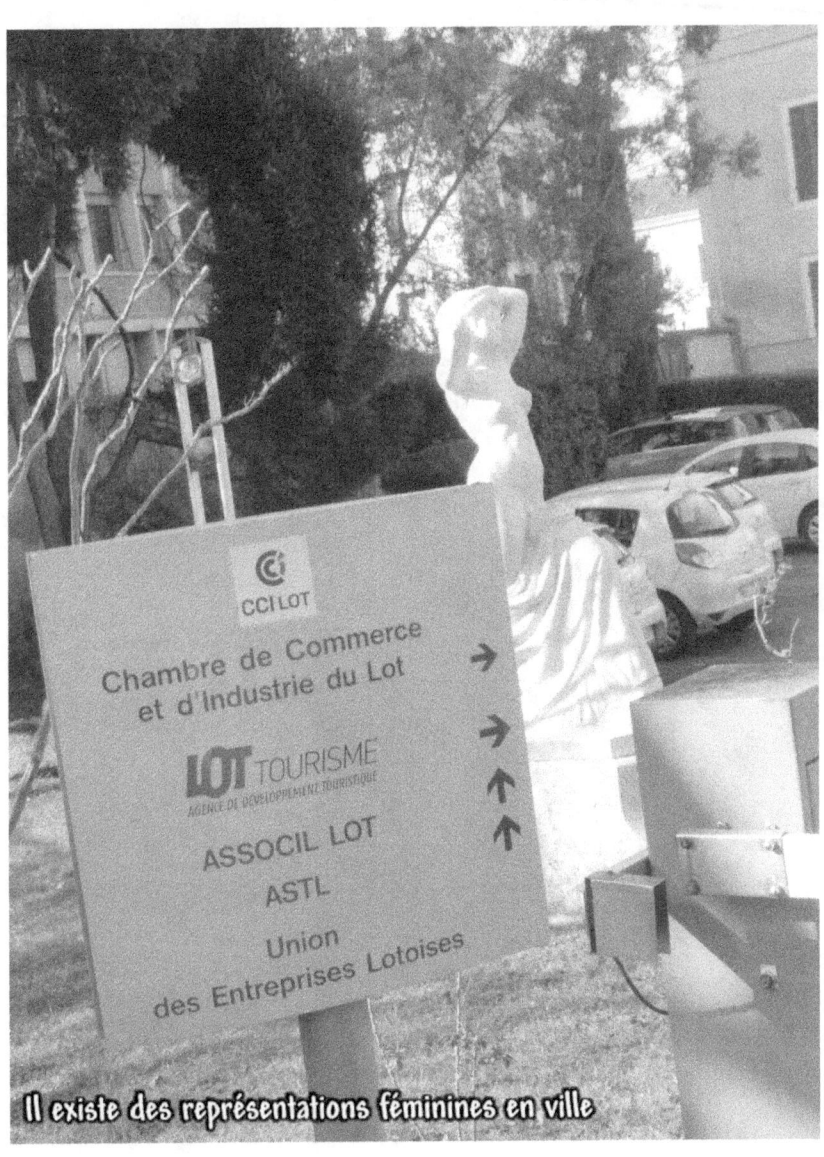

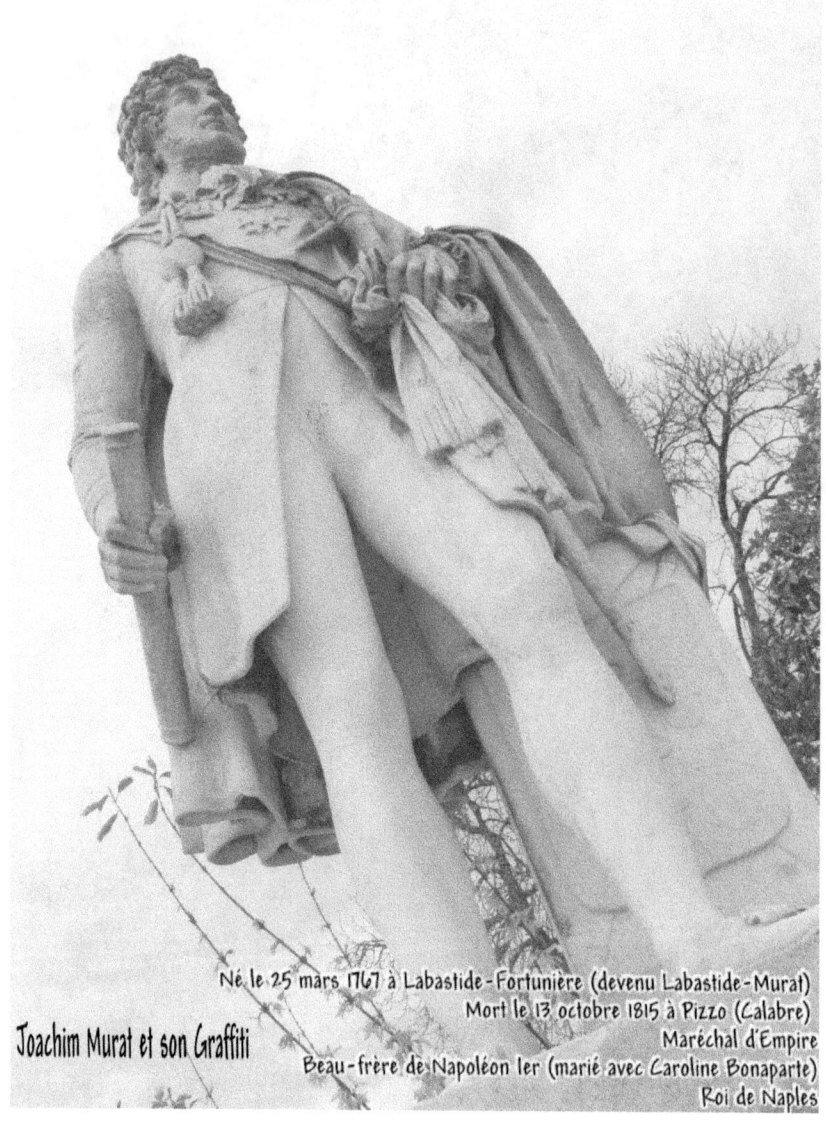

Joachim Murat et son Graffiti

Né le 25 mars 1767 à Labastide-Fortunière (devenu Labastide-Murat)
Mort le 13 octobre 1815 à Pizzo (Calabre)
Maréchal d'Empire
Beau-frère de Napoléon Ier (marié avec Caroline Bonaparte)
Roi de Naples

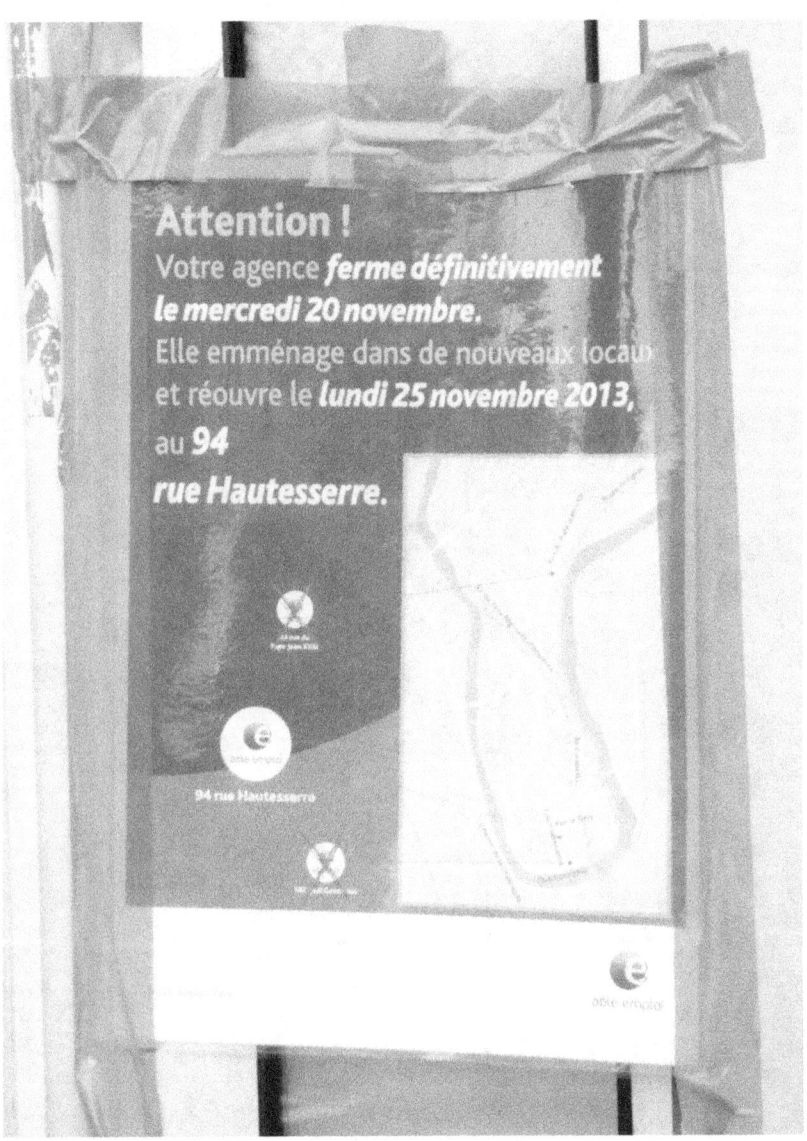

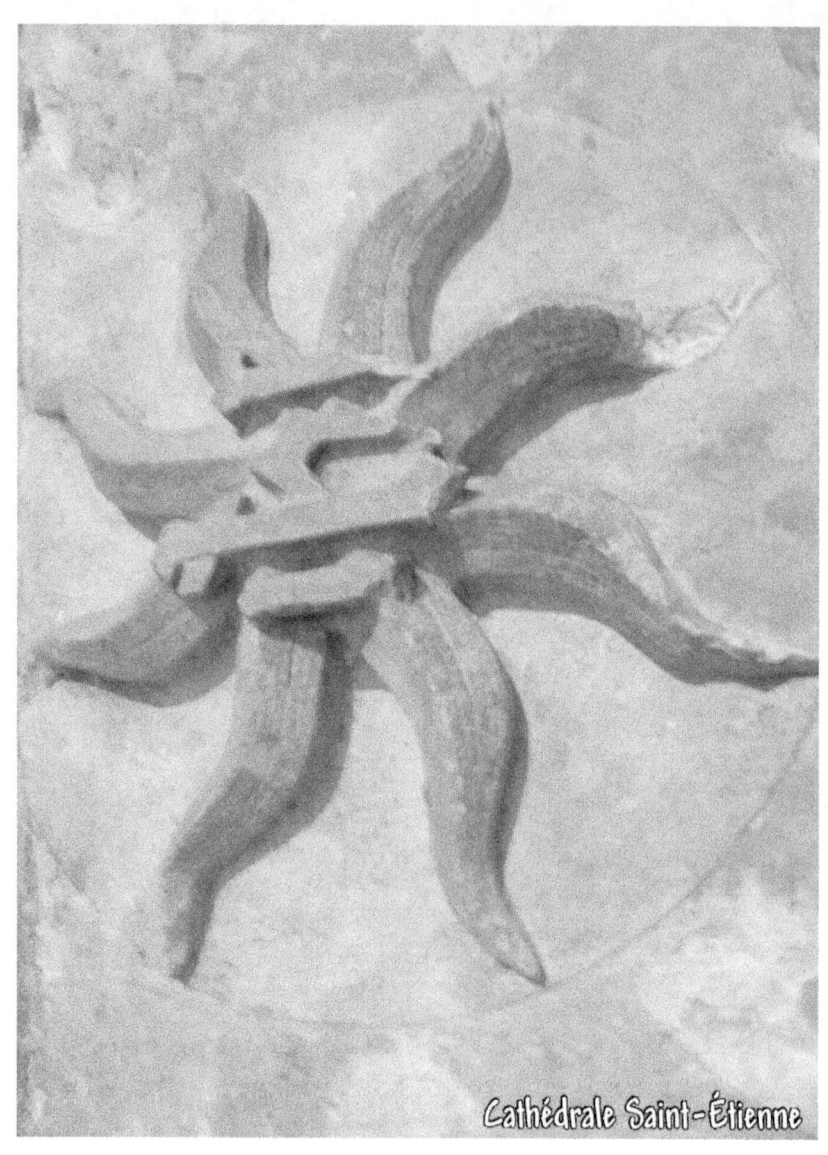

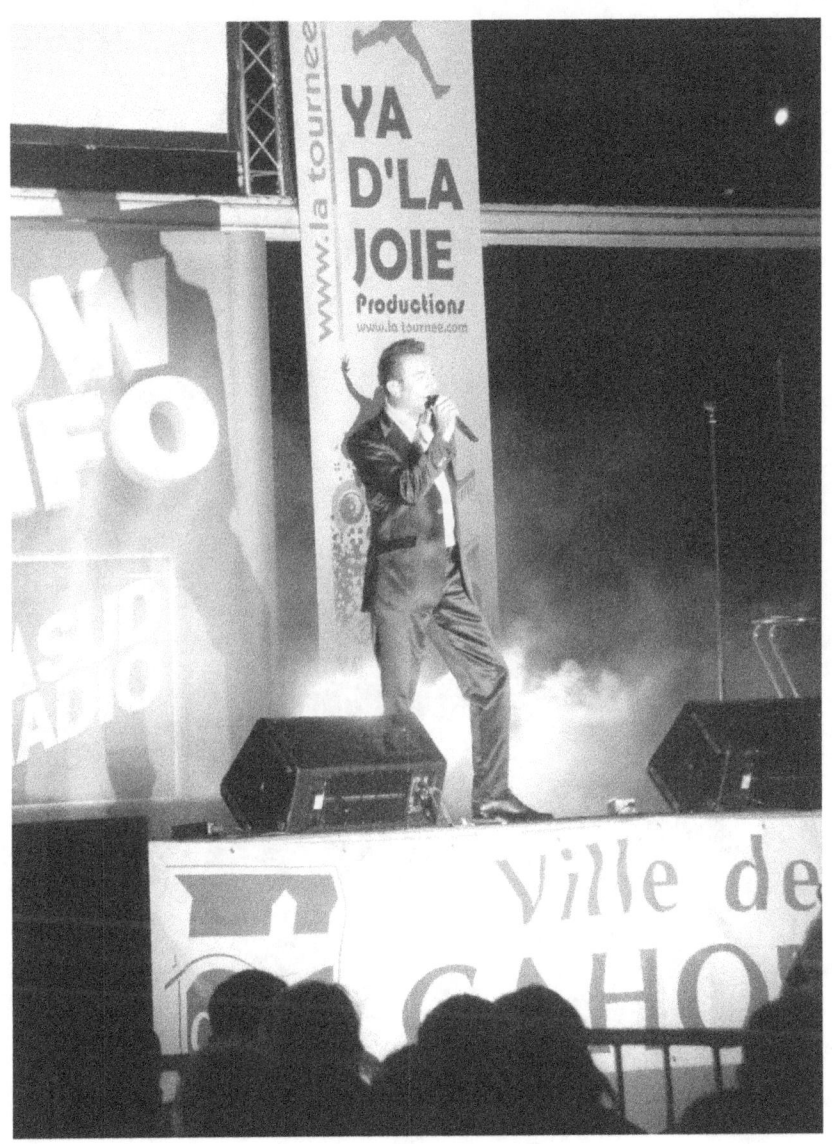

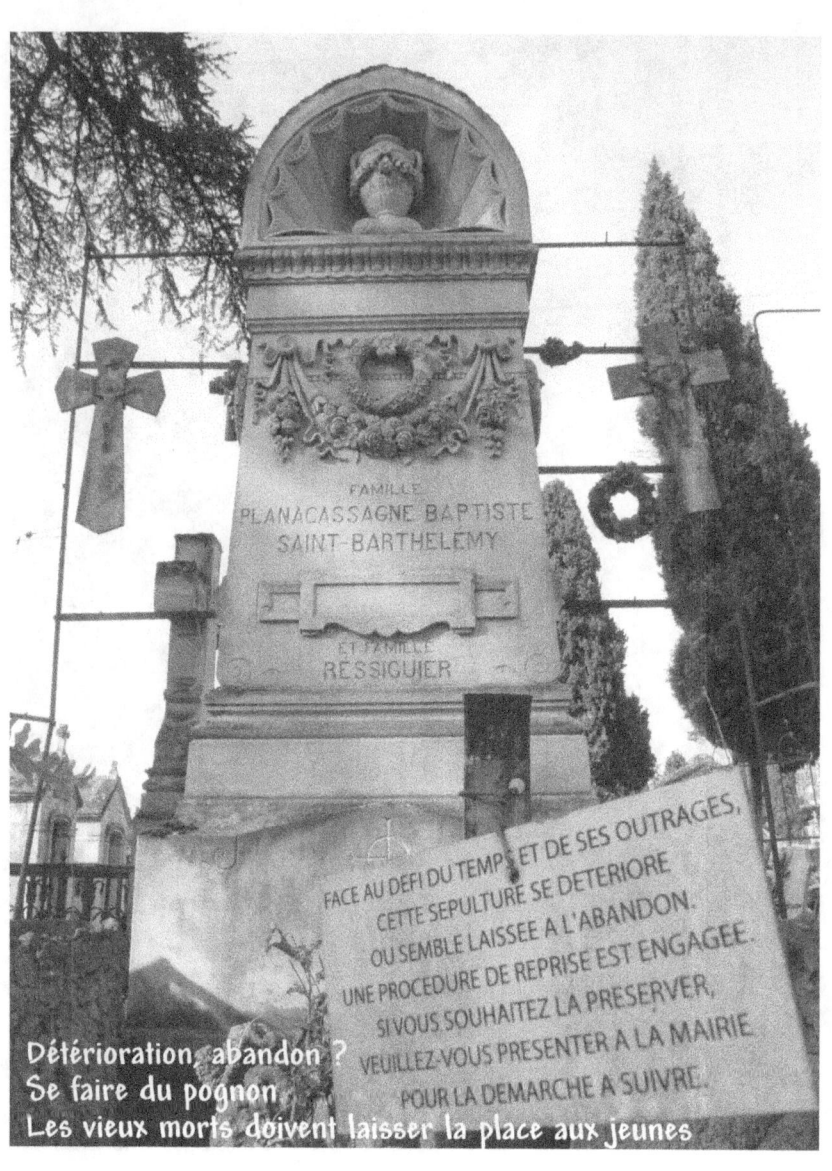

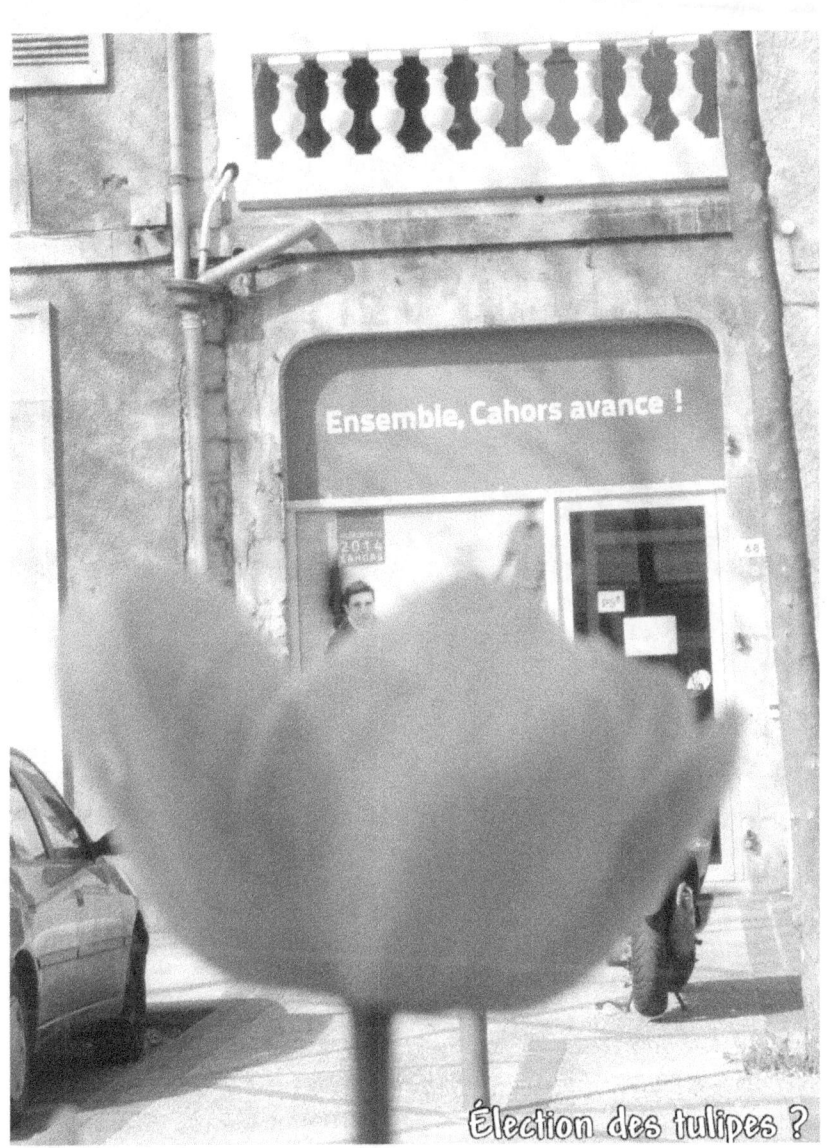

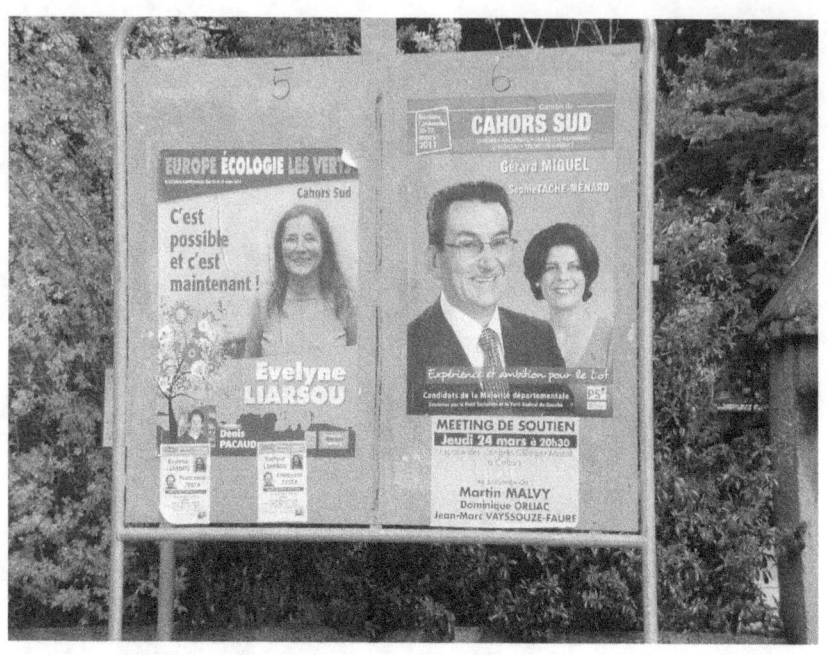

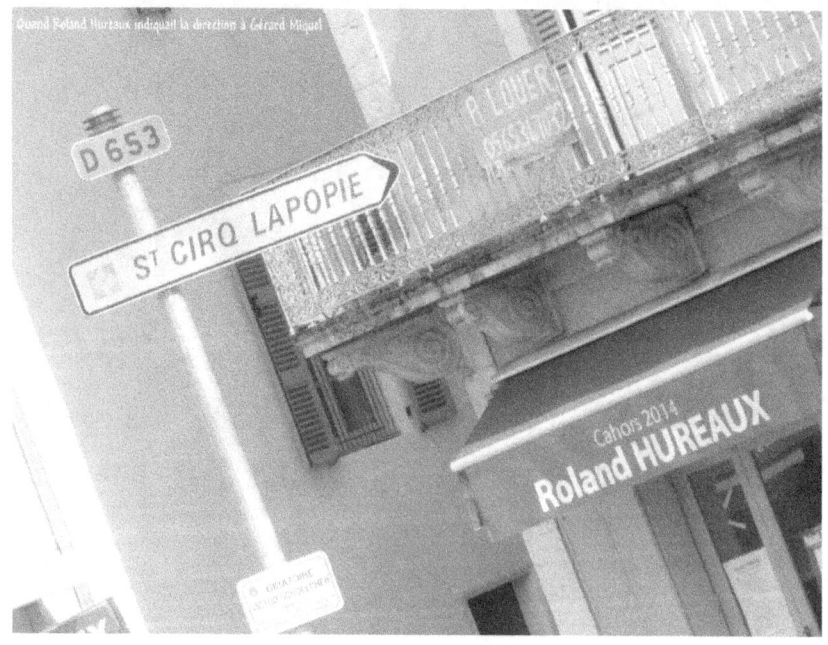

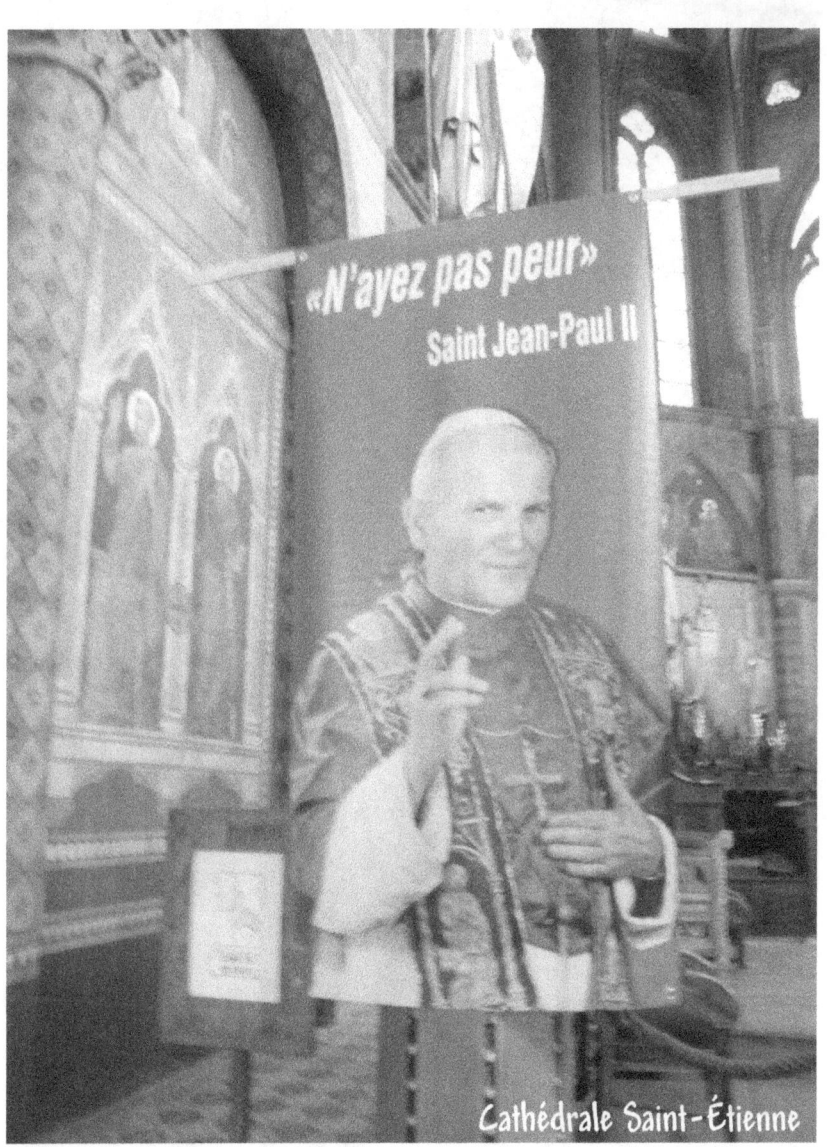

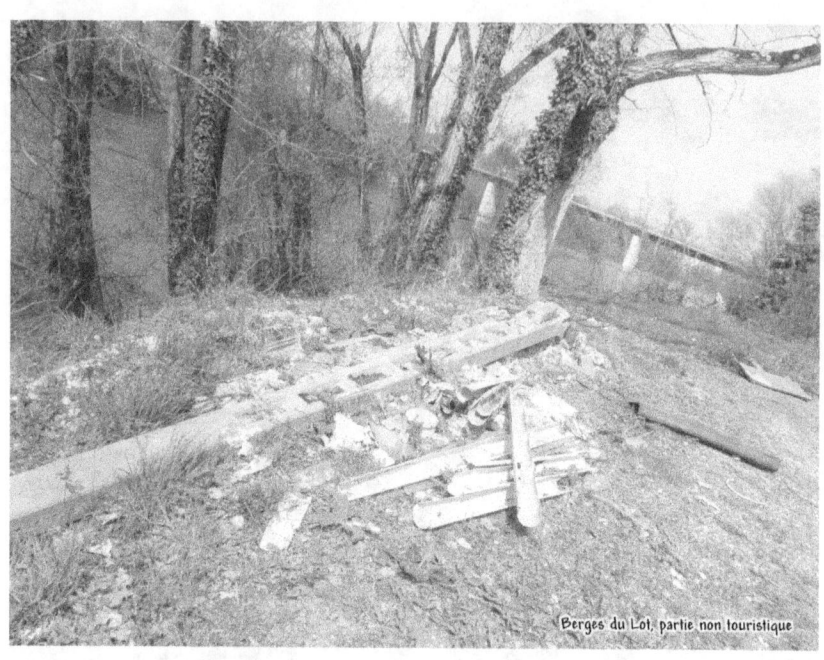

Berges du Lot, partie non touristique

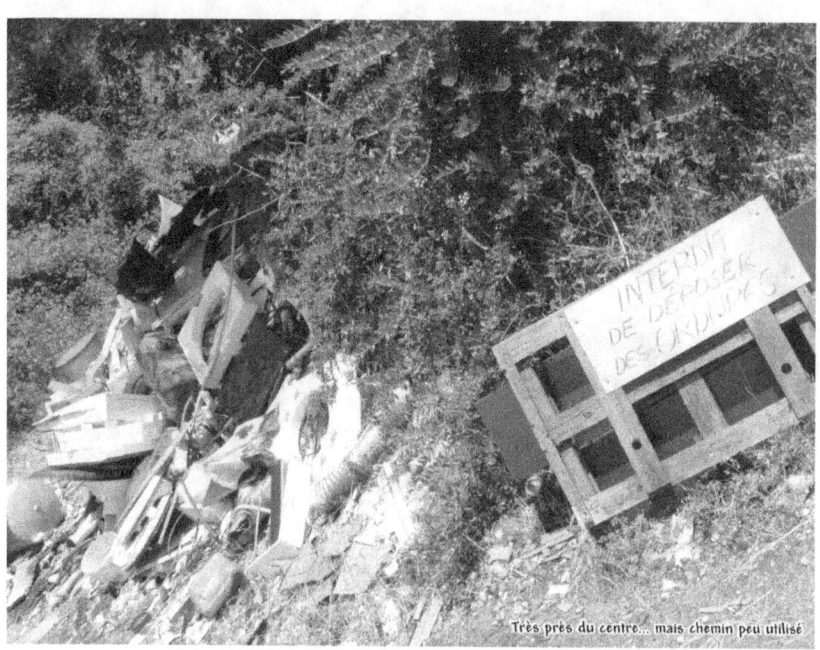

Très près du centre... mais chemin peu utilisé

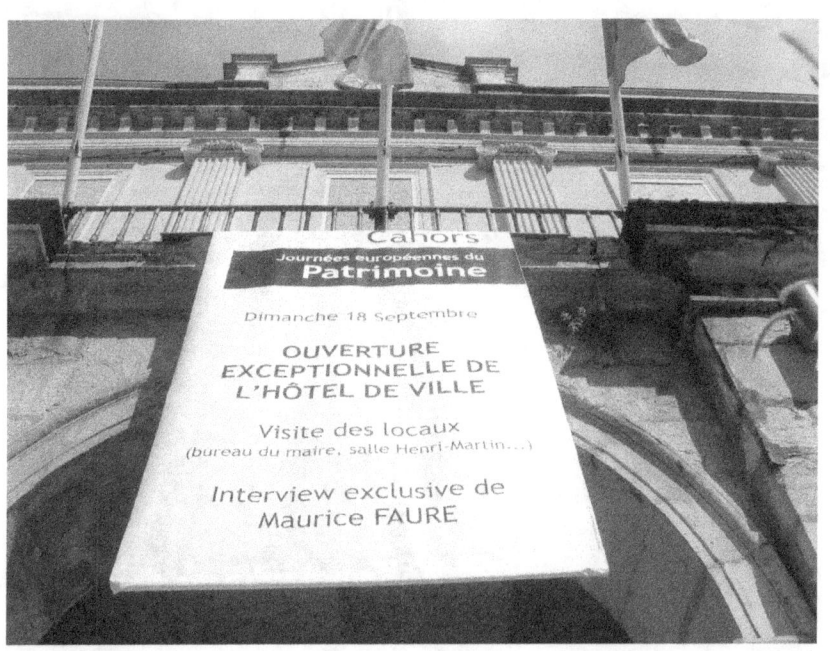

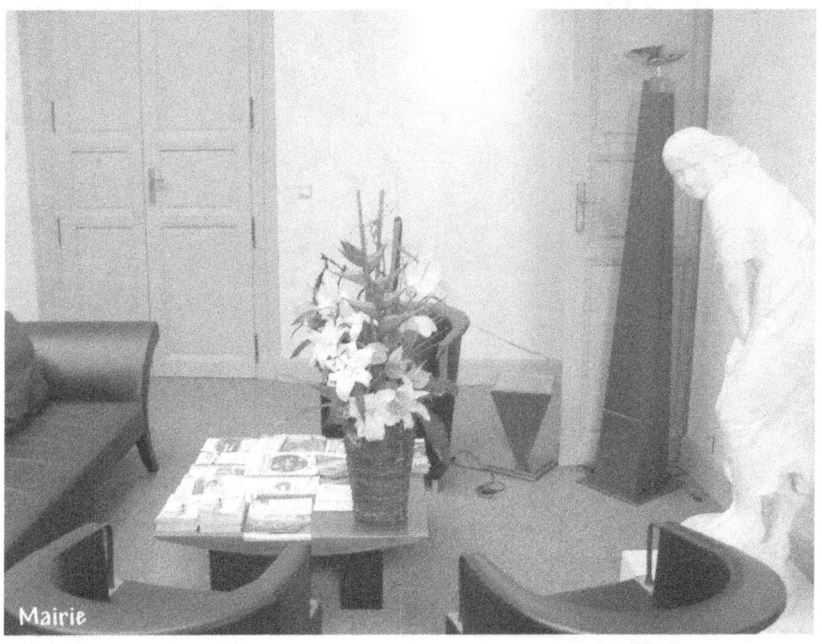

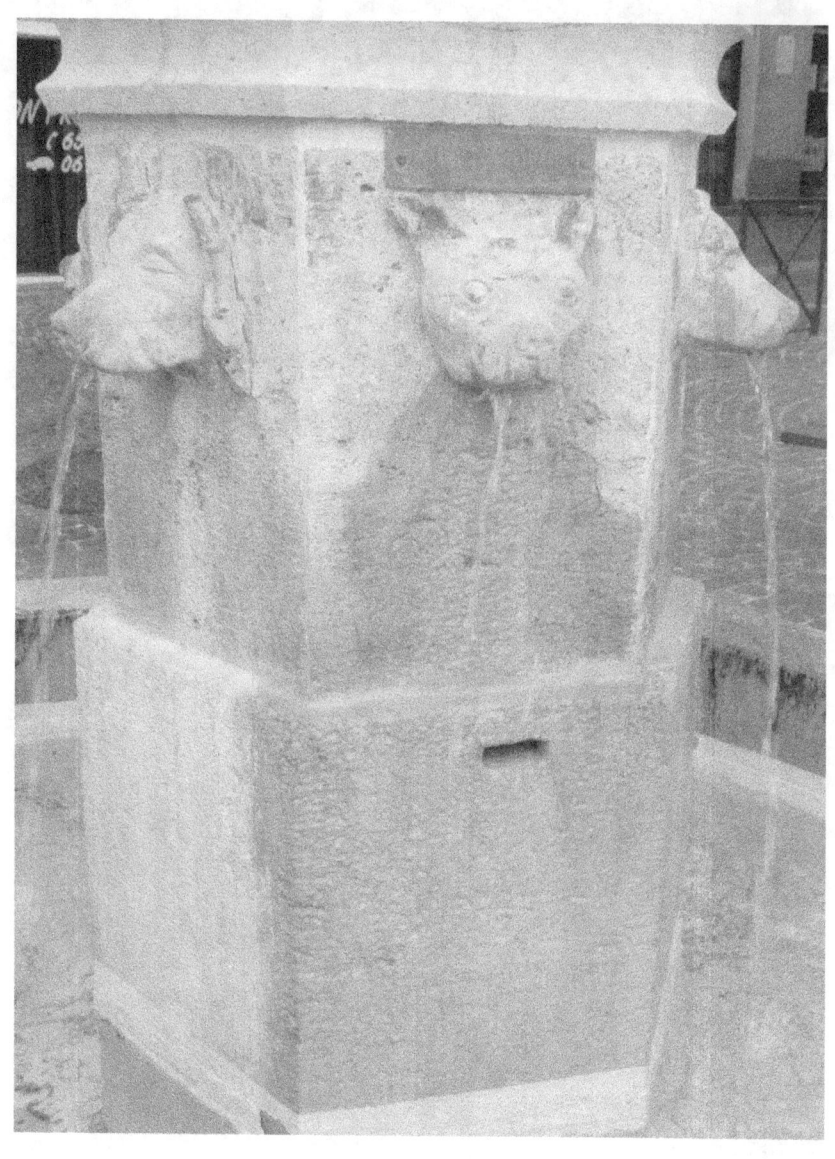

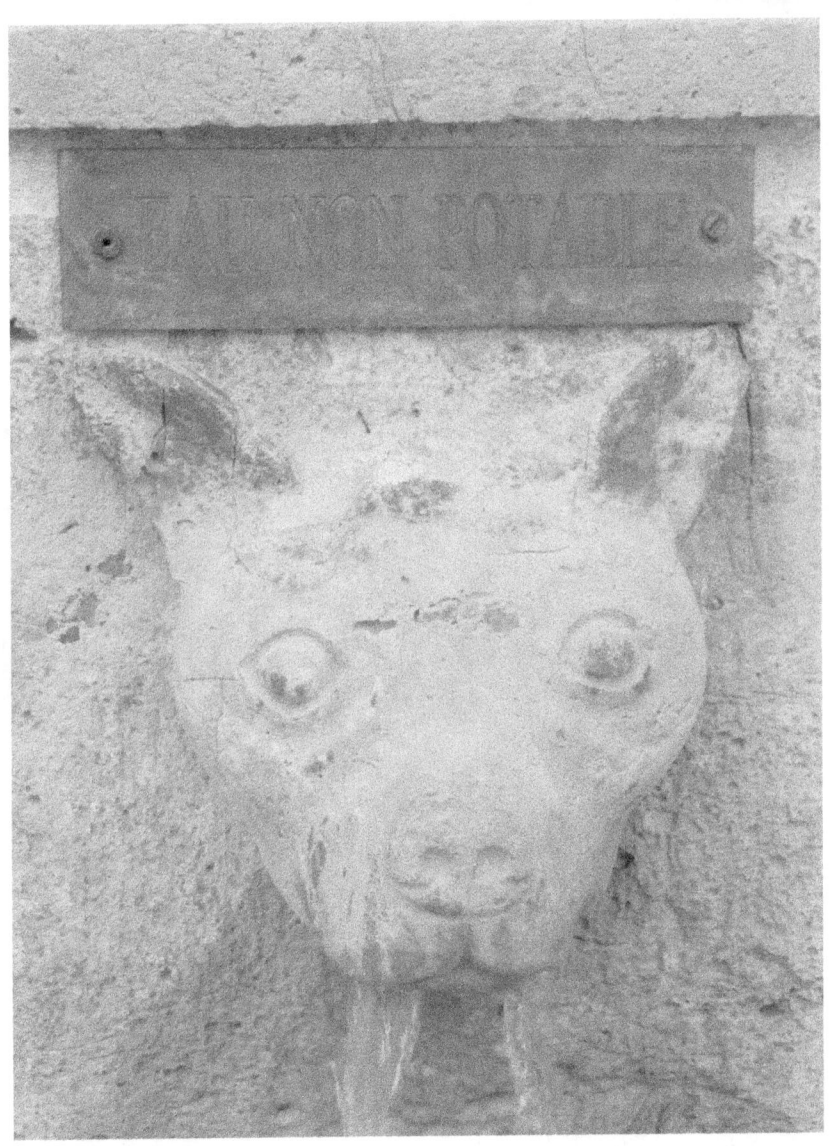

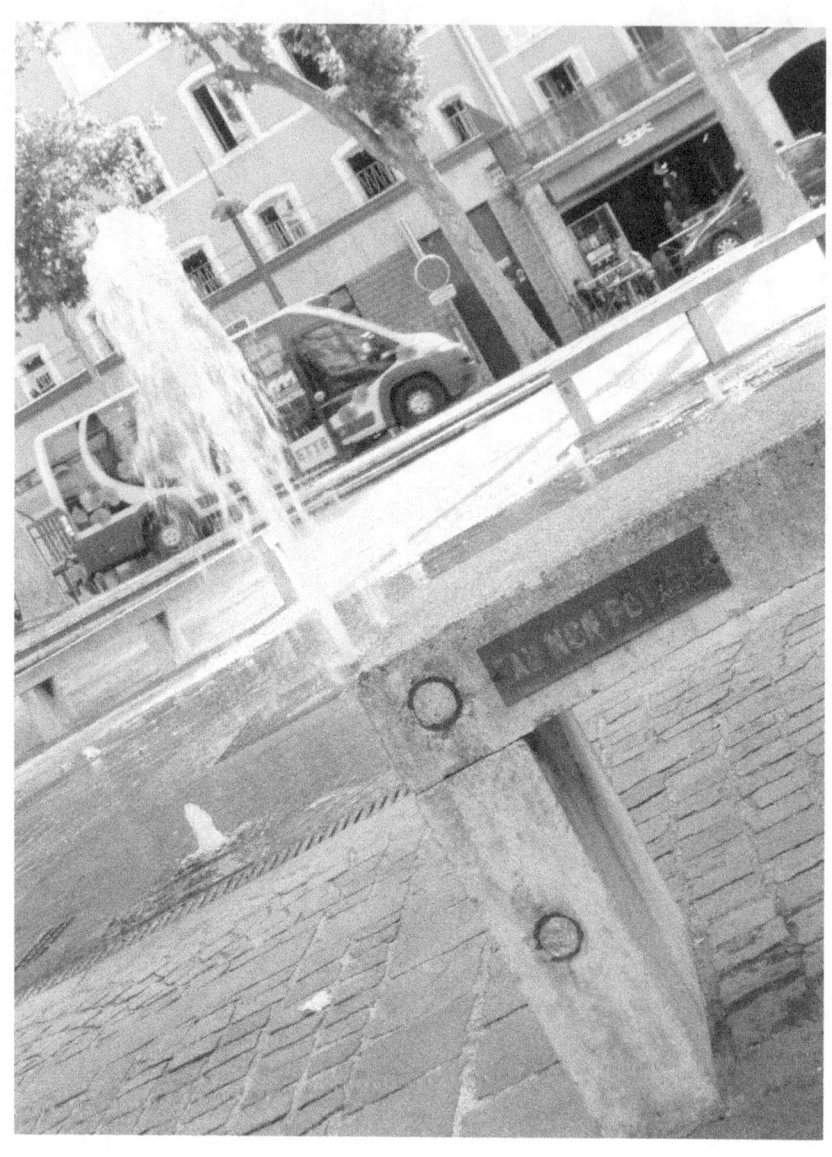

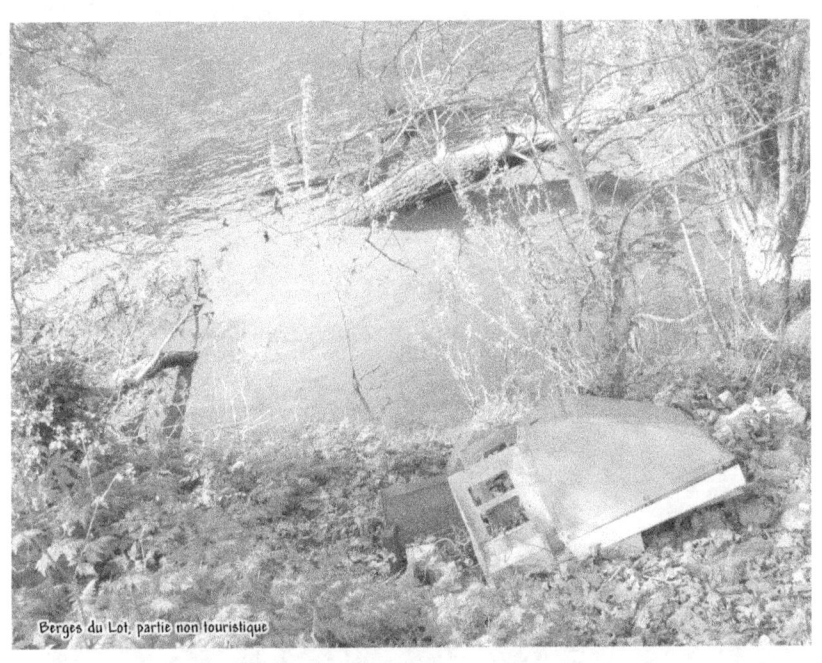

Berges du Lot, partie non touristique

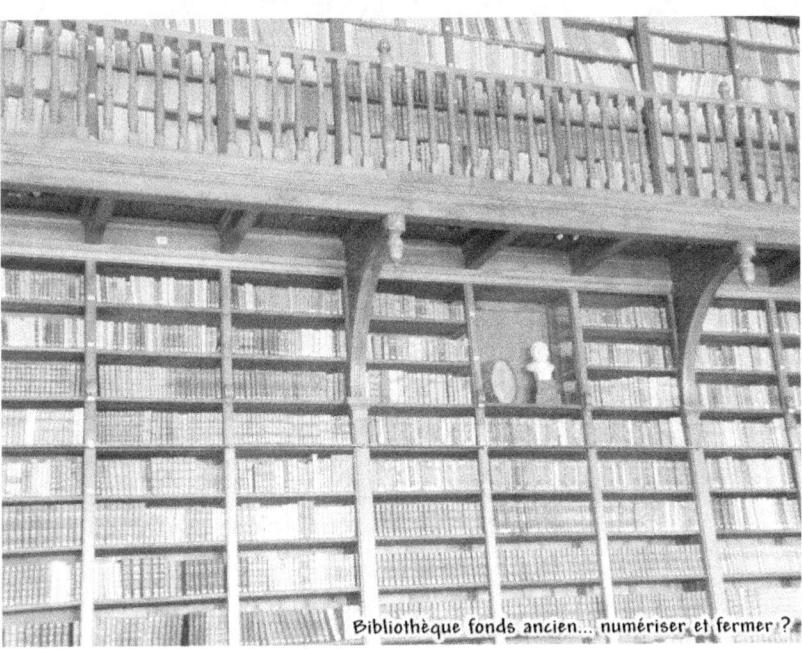

Bibliothèque fonds ancien... numériser et fermer ?

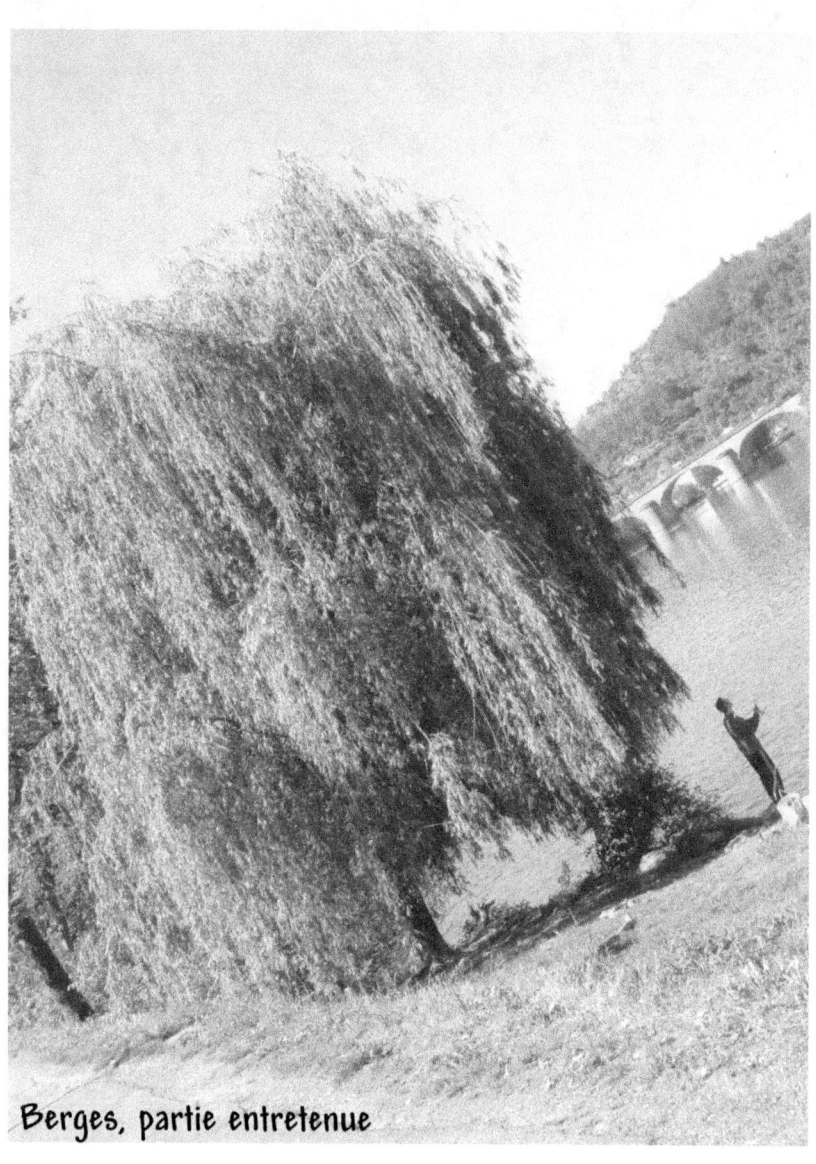
Berges, partie entretenue

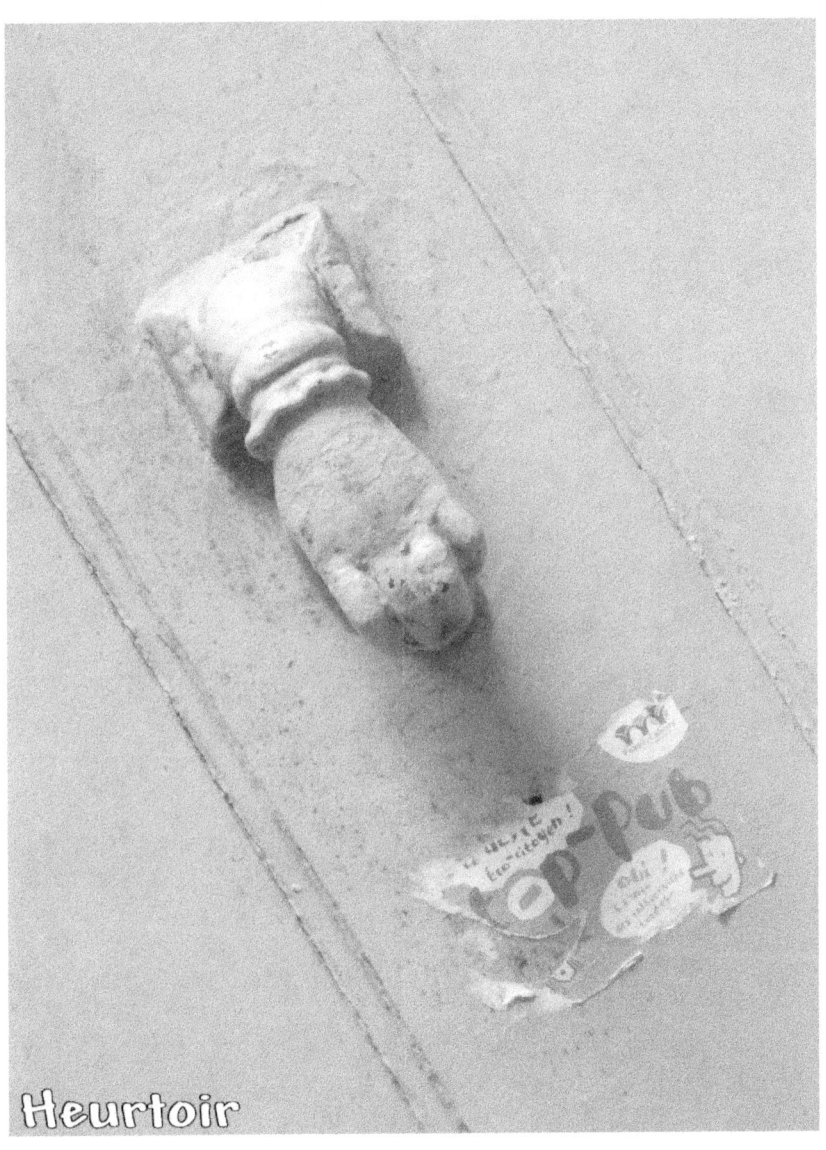

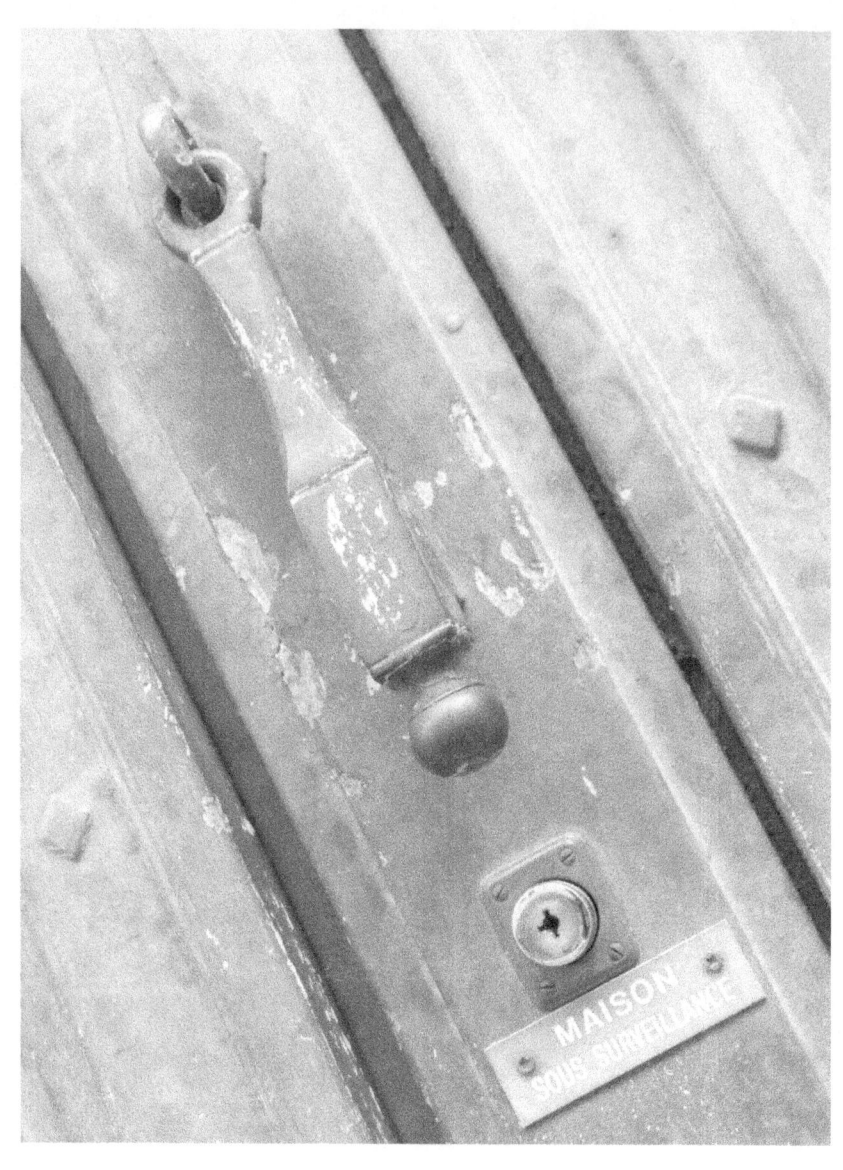

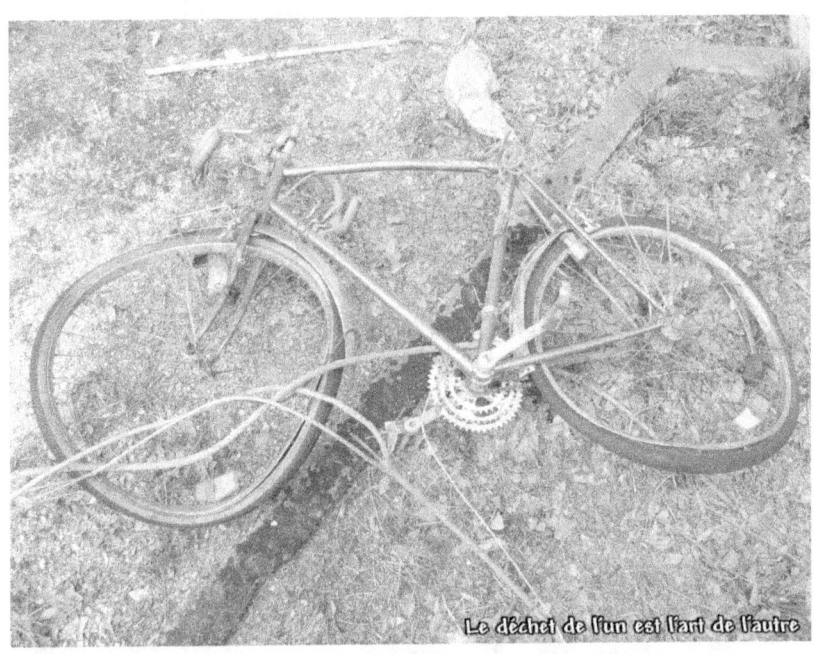
Le déchet de l'un est l'art de l'autre

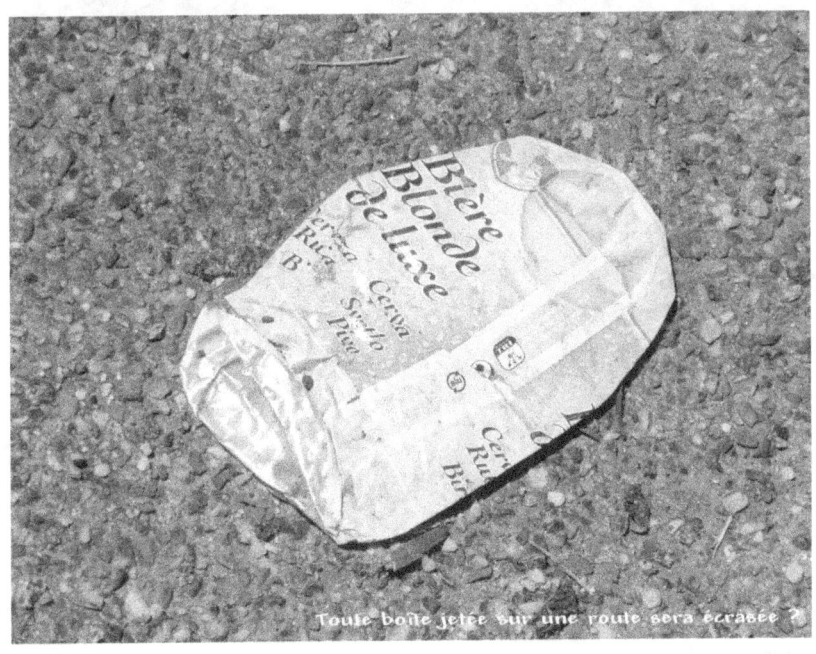
Toute boîte jetée sur une route sera écrasée ?

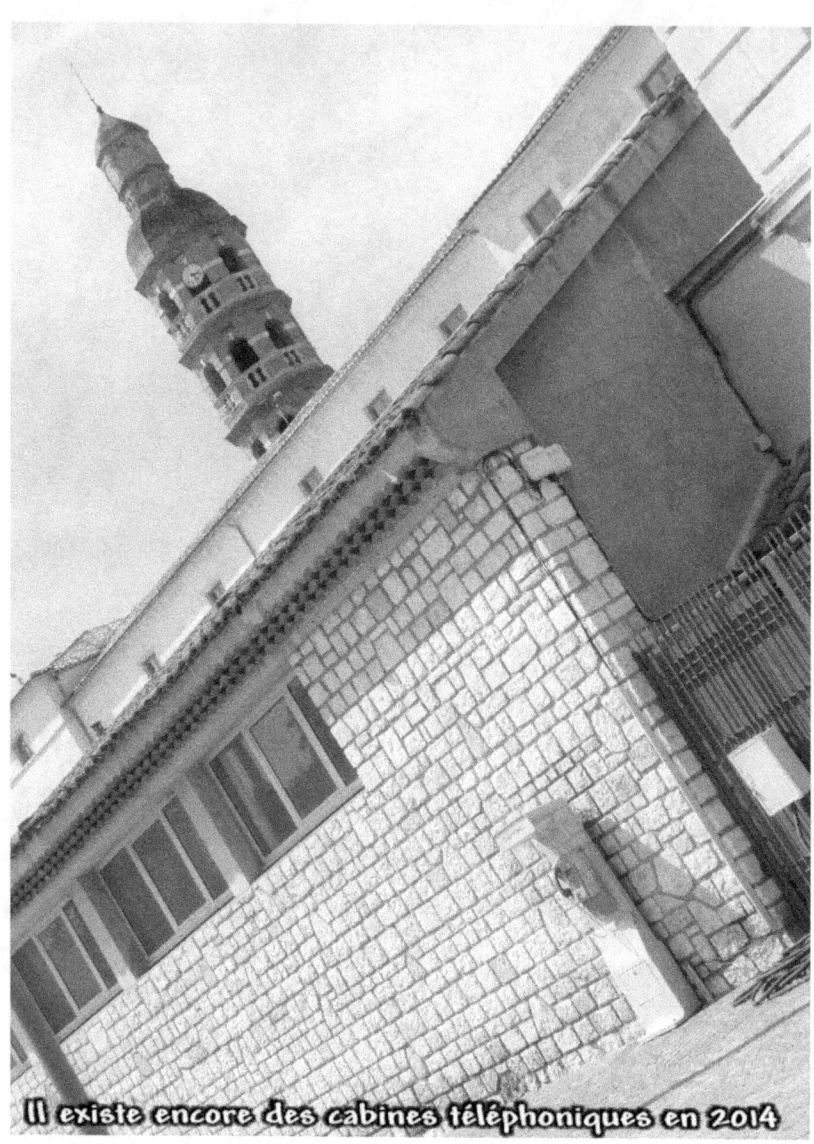

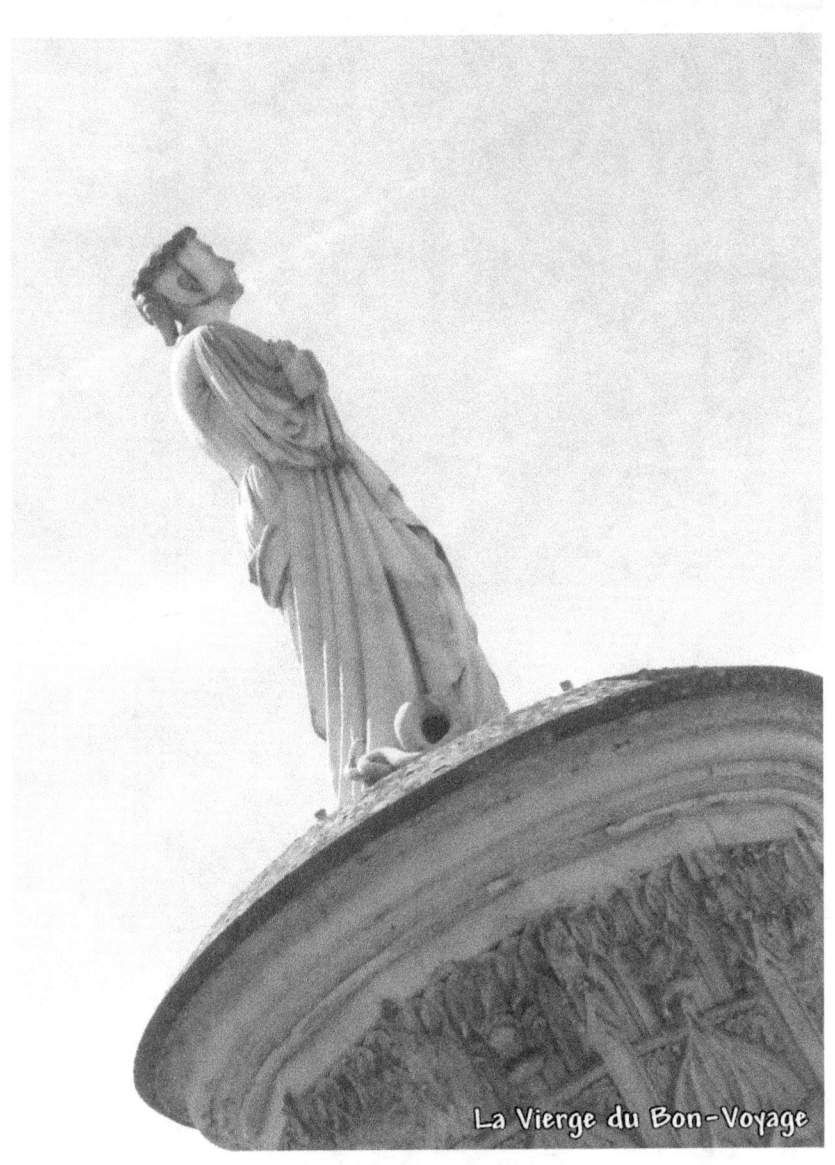

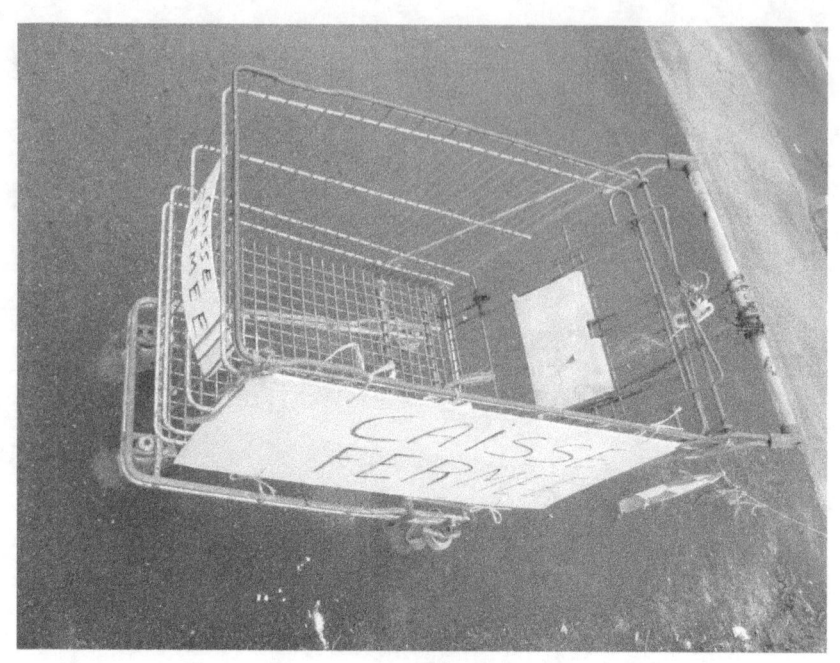

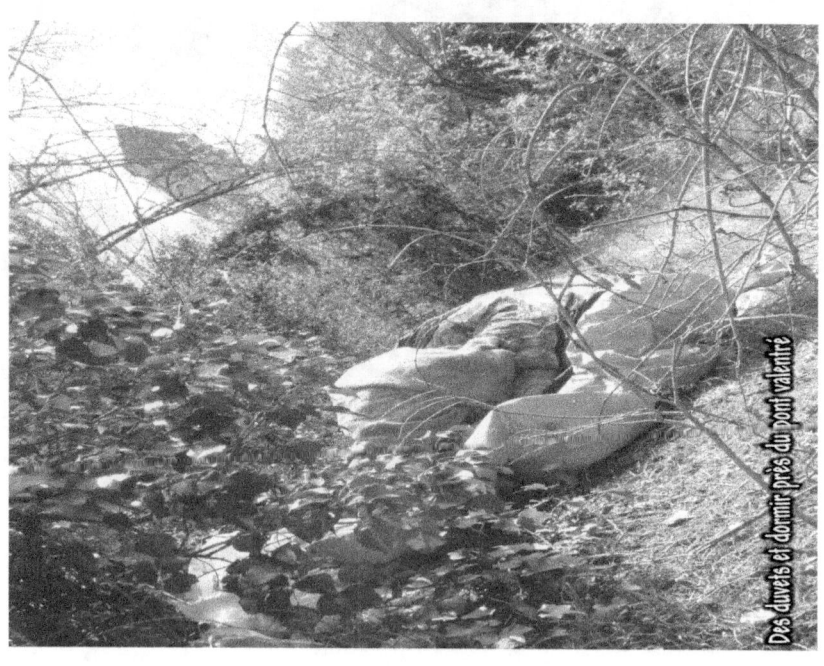

Des duvets et dormir près du pont valentré

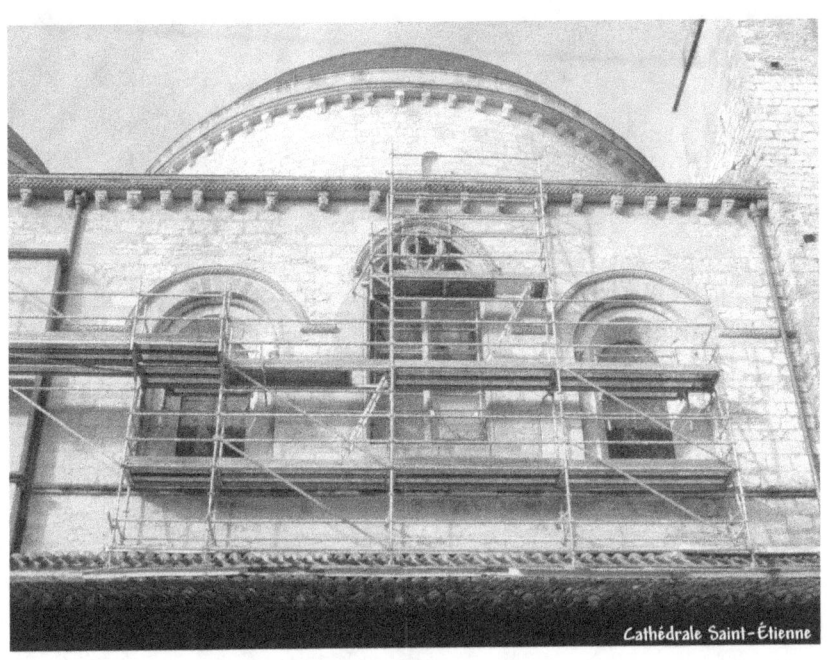

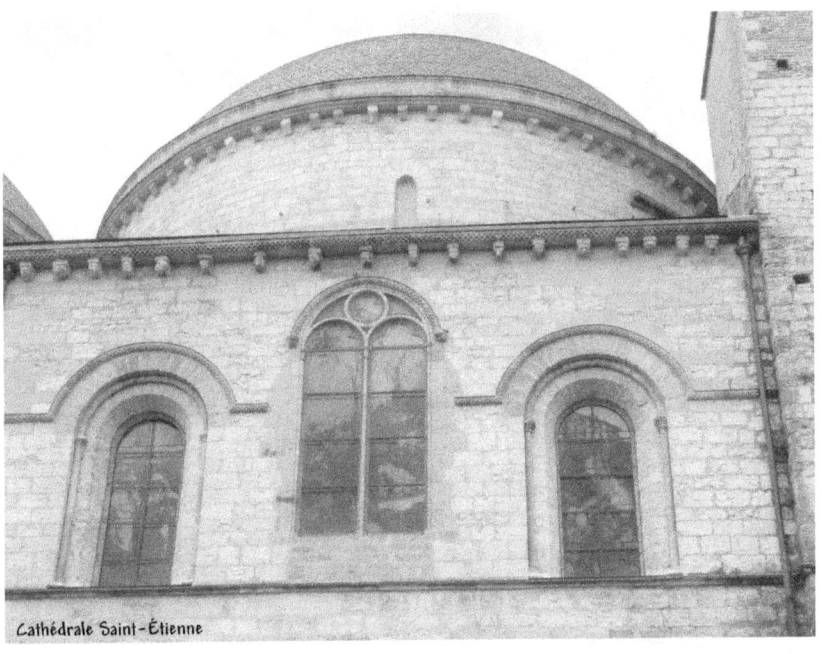

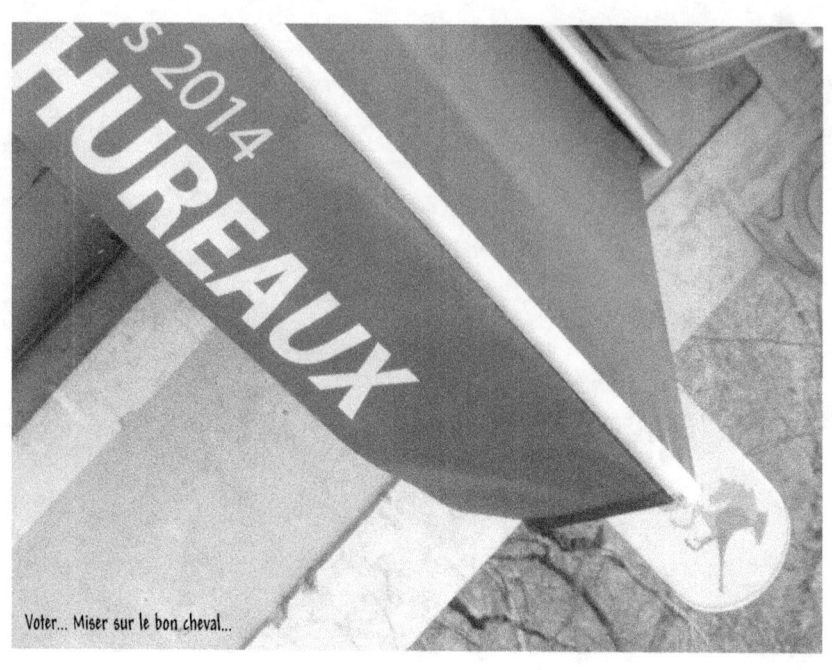

Voter... Miser sur le bon cheval...

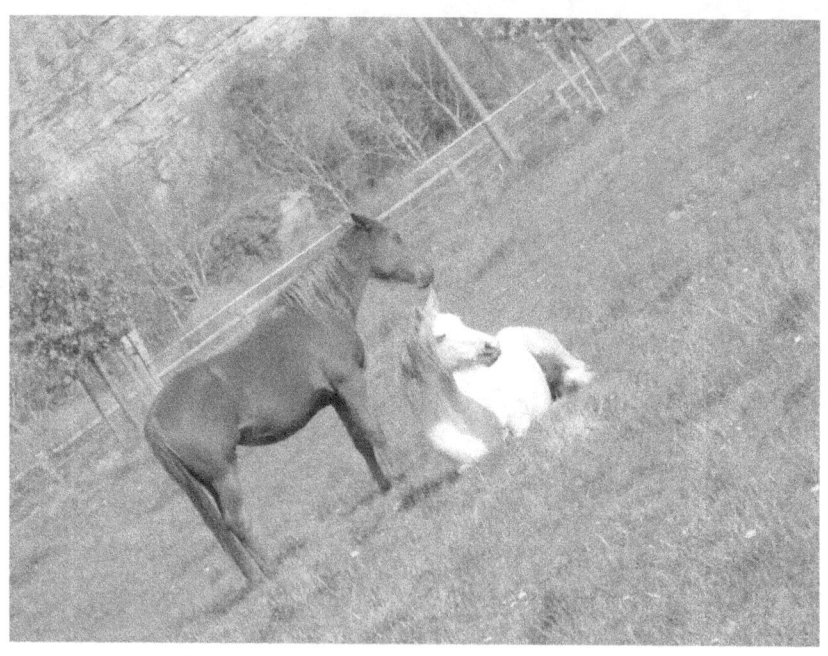

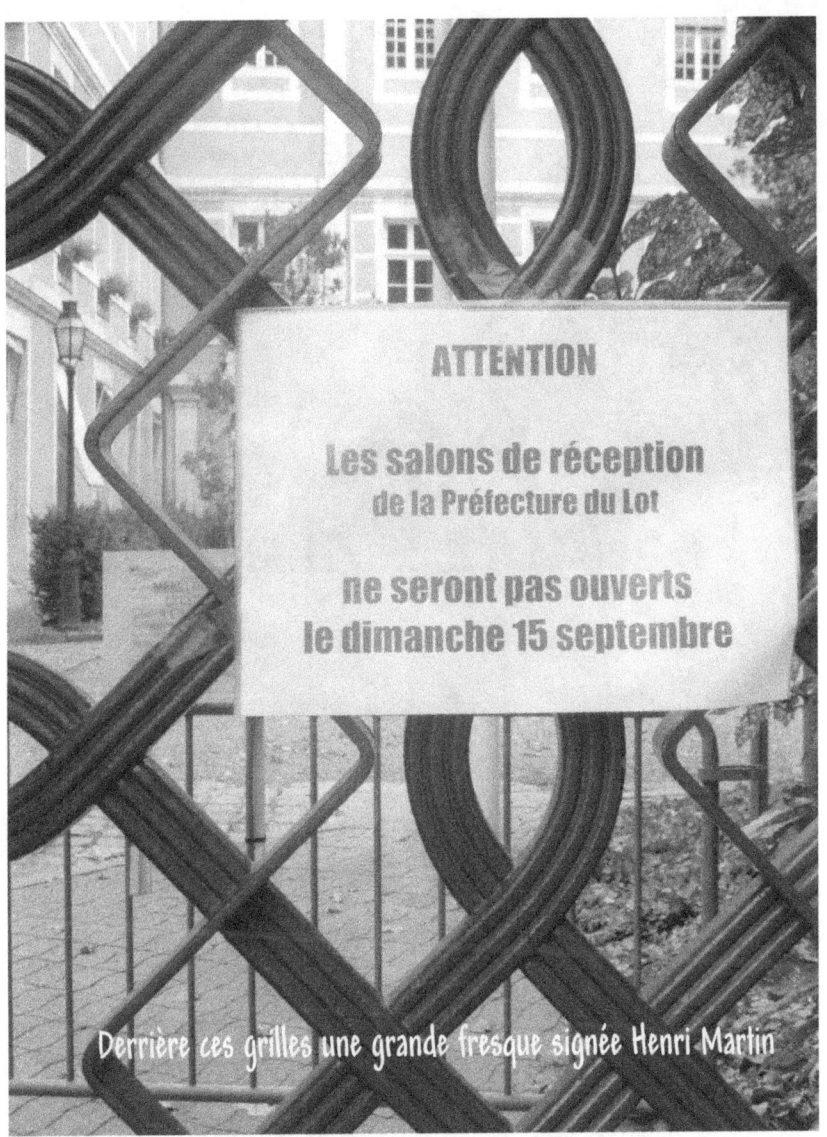

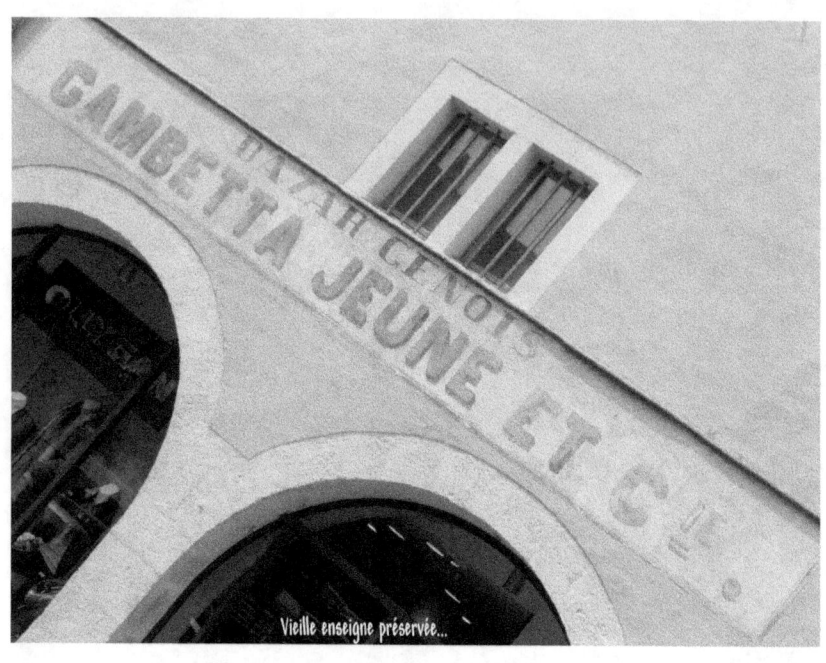
Vieille enseigne préservée...

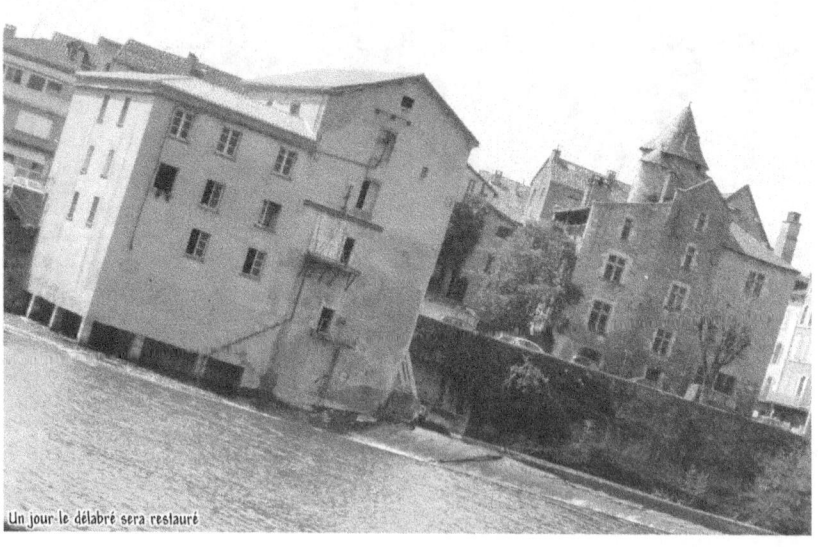
Un jour le délabré sera restauré

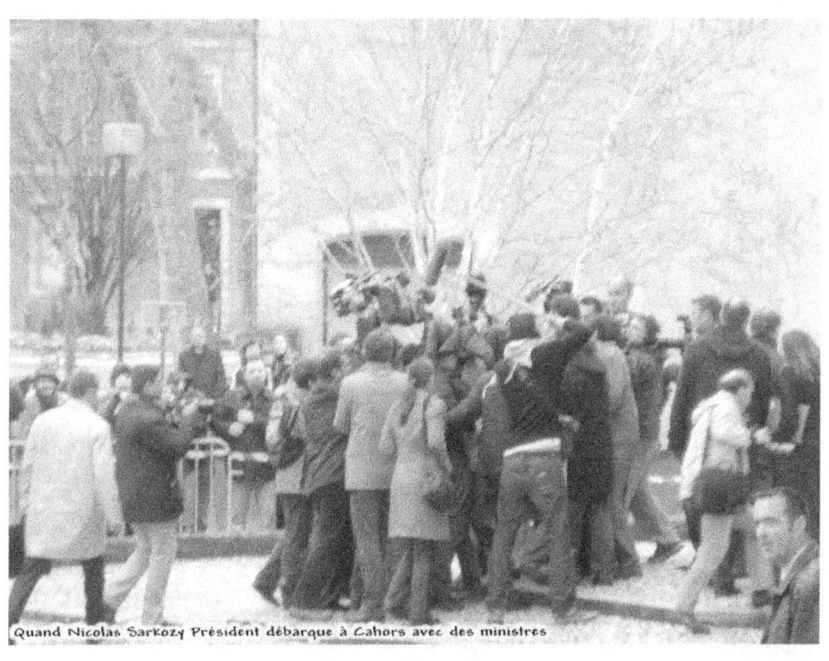
Quand Nicolas Sarkozy Président débarque à Cahors avec des ministres

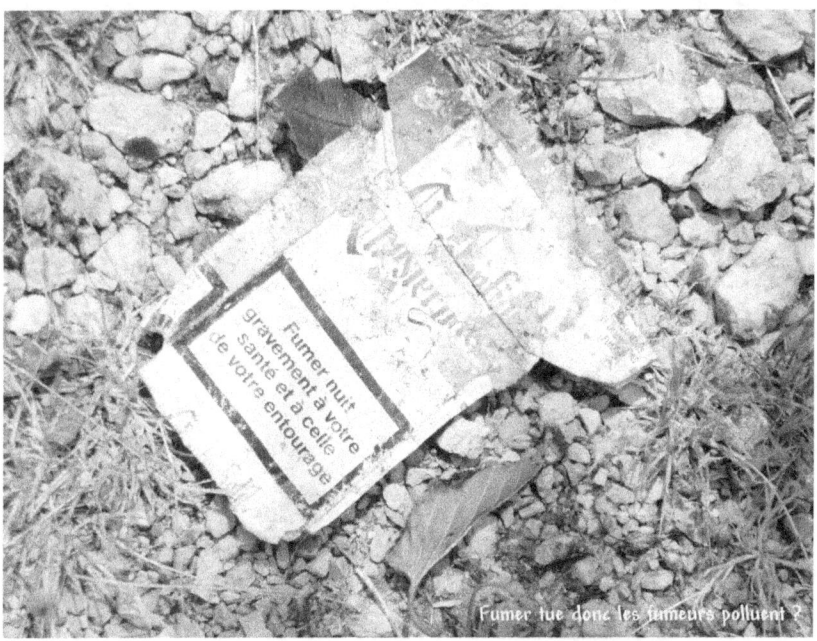
Fumer tue donc les fumeurs polluent ?

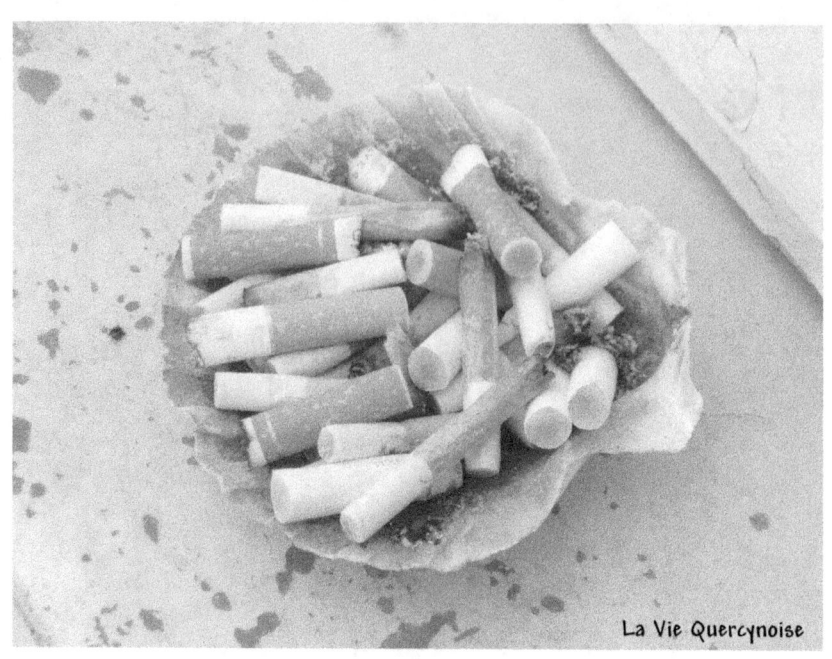

La Vie Quercynoise

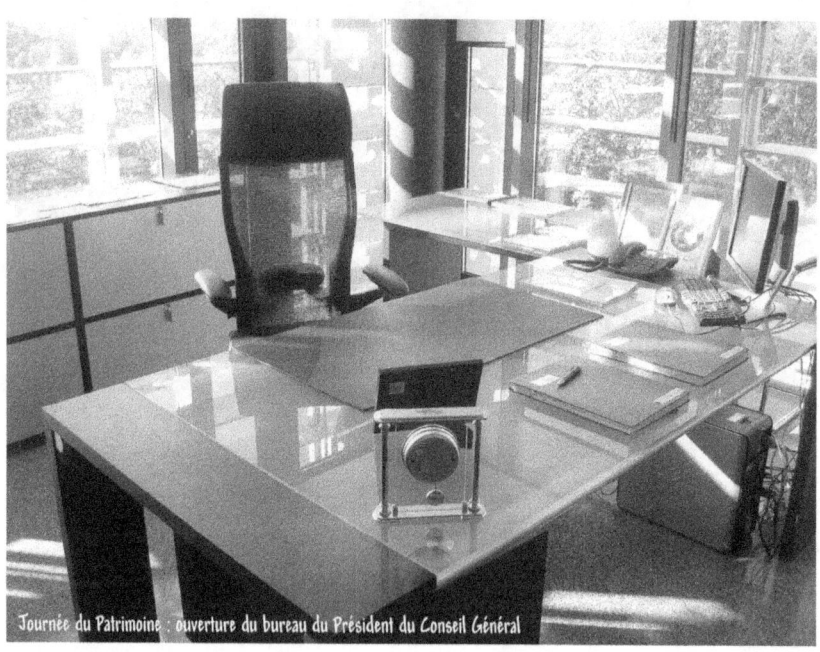

Journée du Patrimoine : ouverture du bureau du Président du Conseil Général

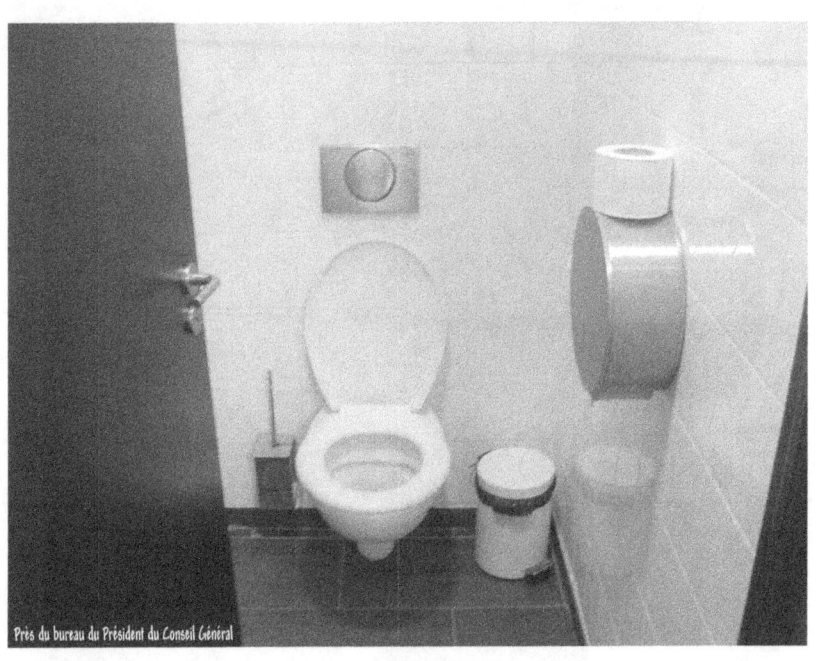
Près du bureau du Président du Conseil Général

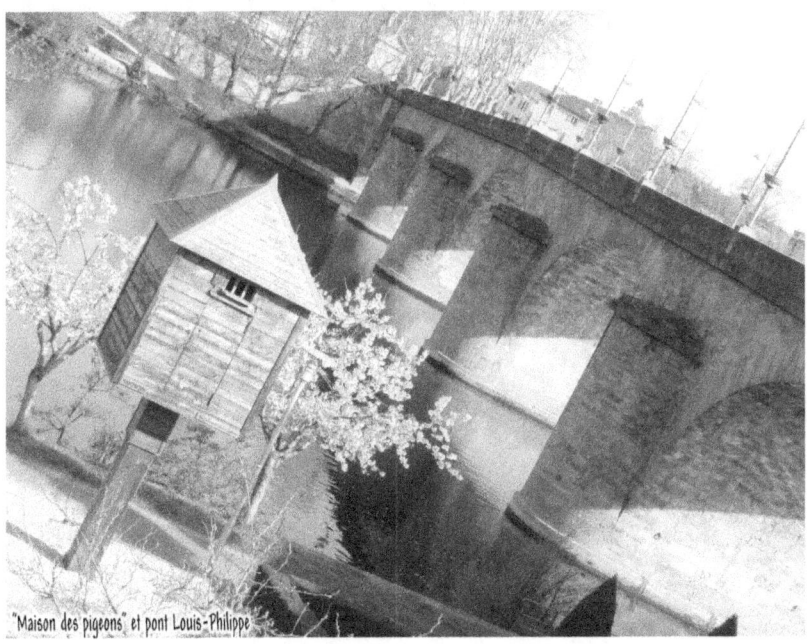
"Maison des pigeons" et pont Louis-Philippe

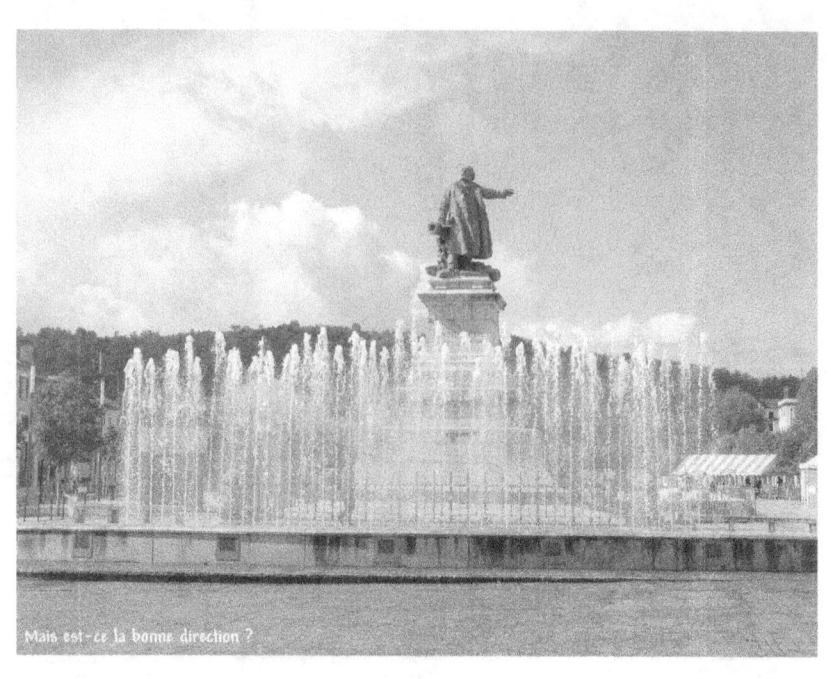

Mais est-ce la bonne direction ?

Artistes subventionnés par la mairie ou le département ?

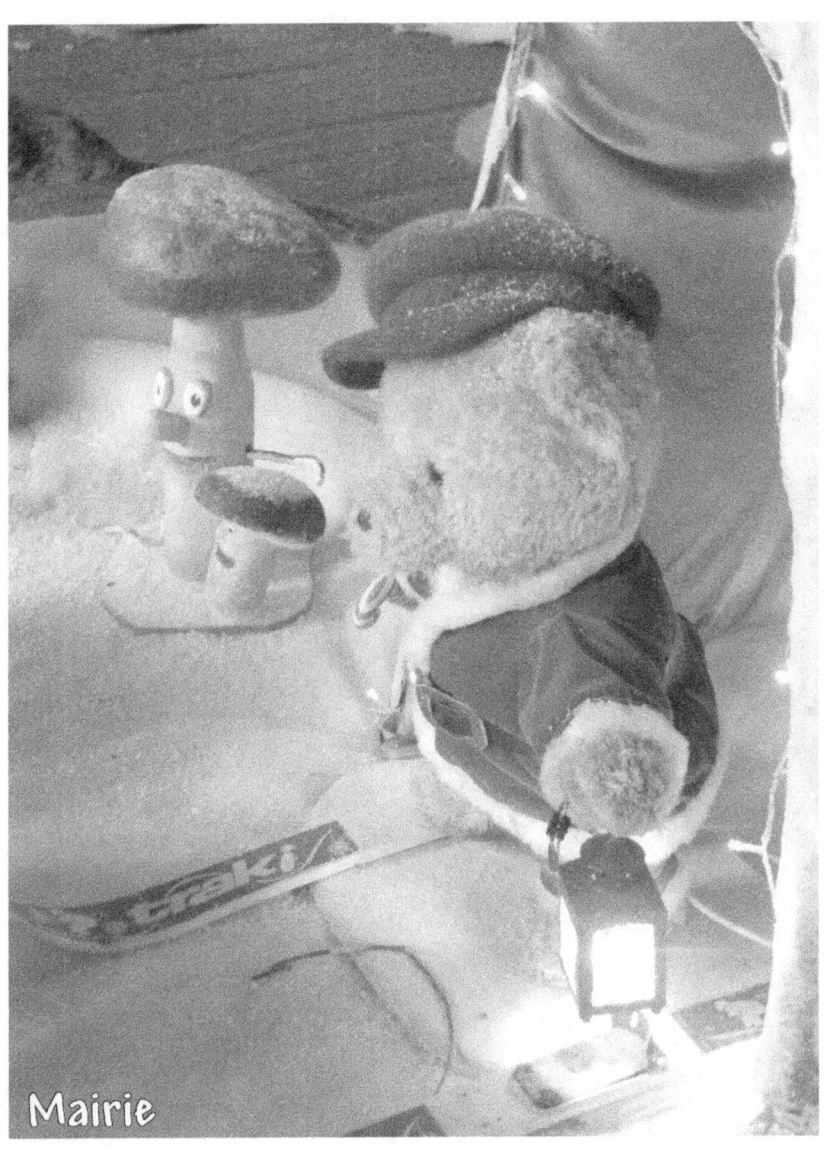

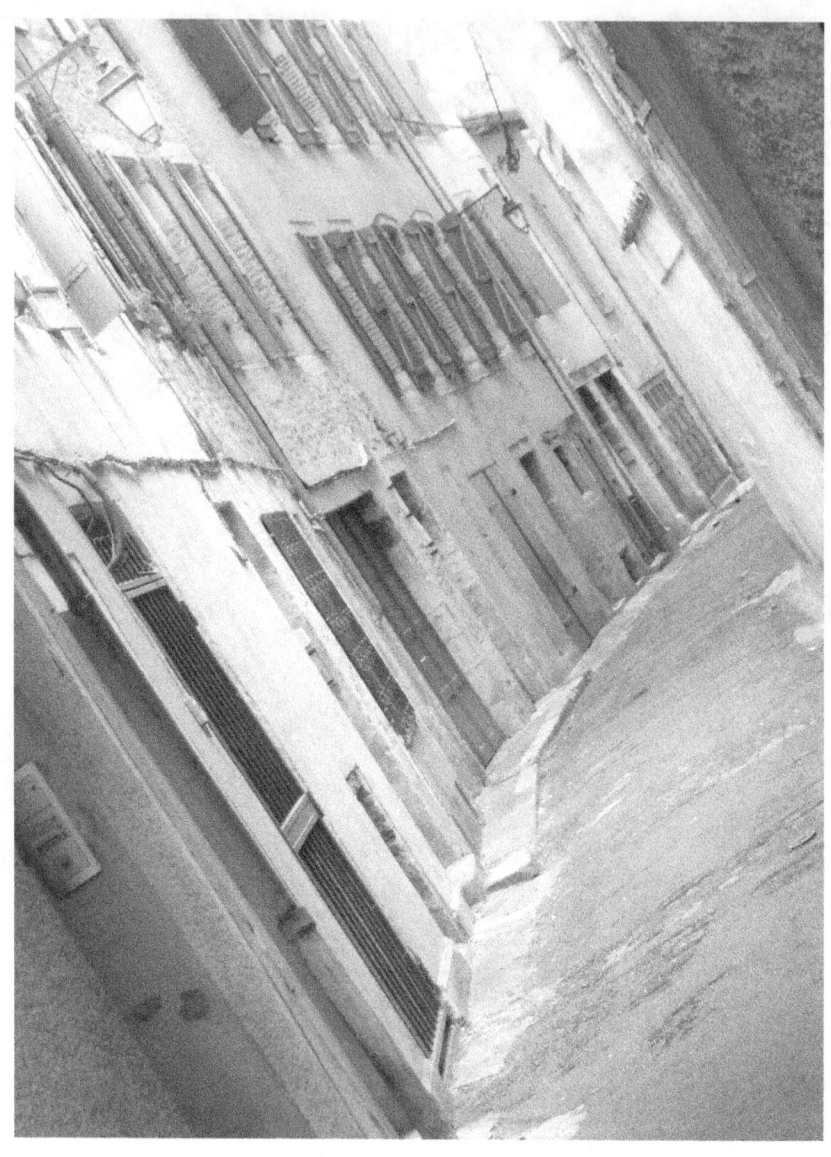

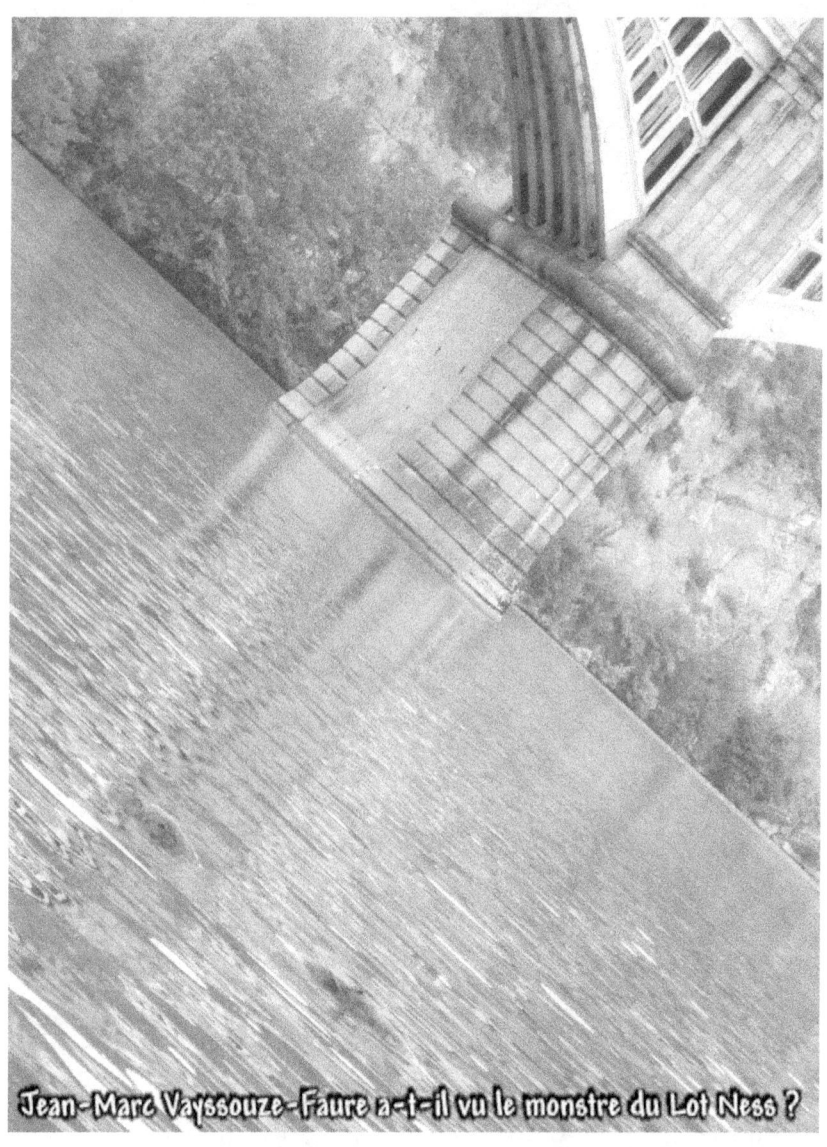
Jean-Marc Vayssouze-Faure a-t-il vu le monstre du Lot Ness ?

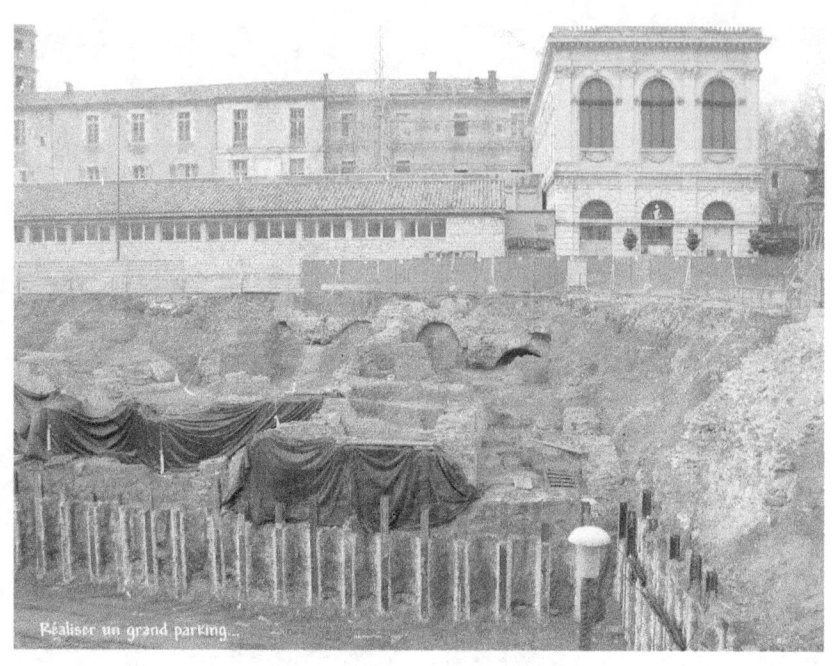

Réaliser un grand parking...

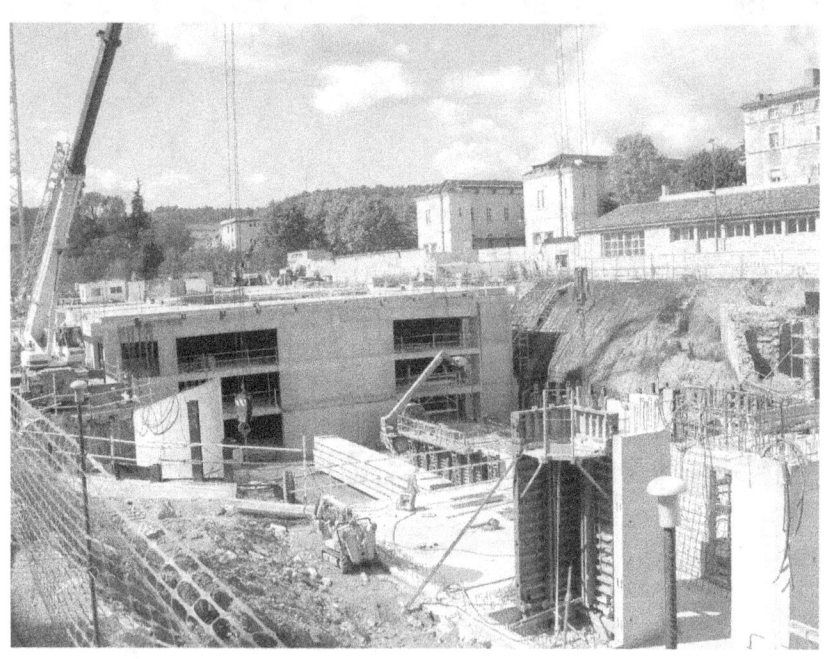

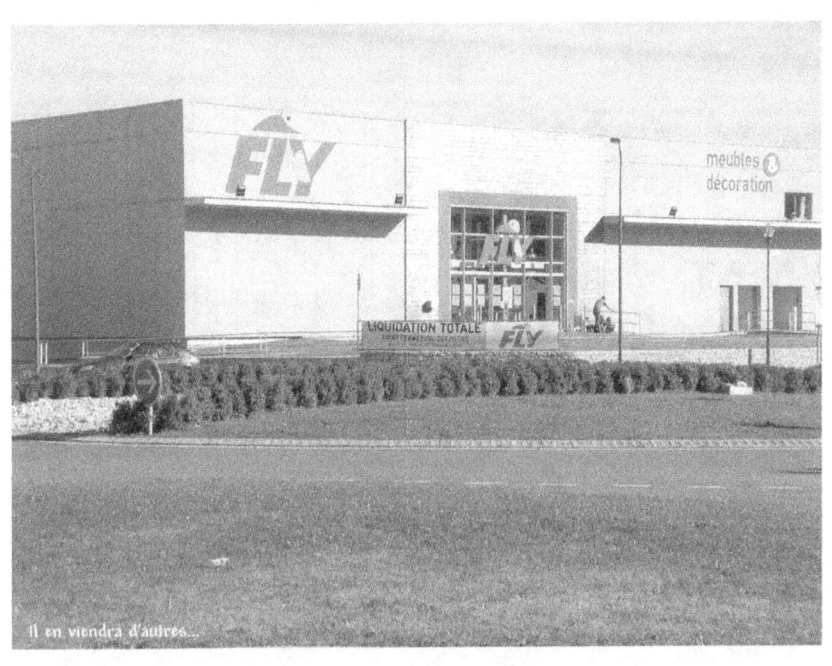

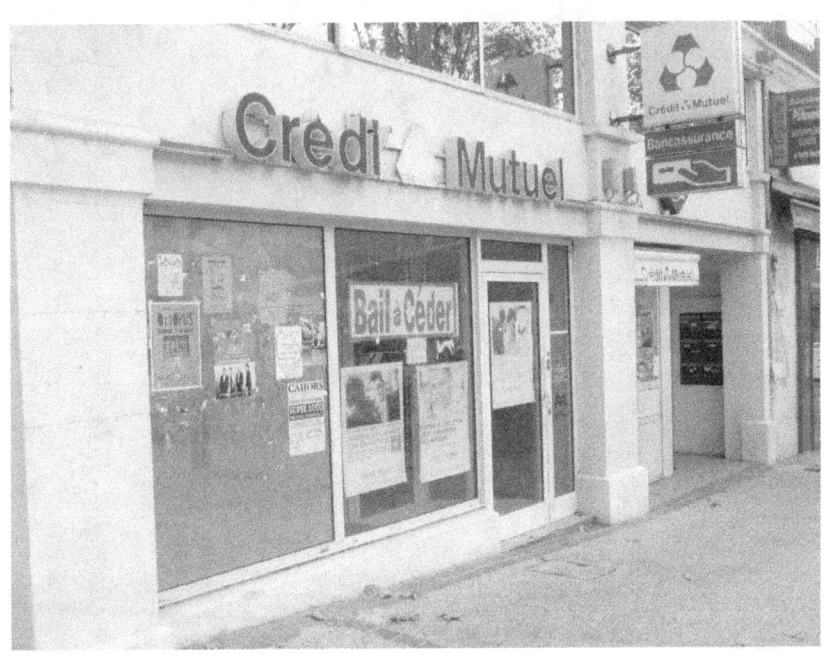

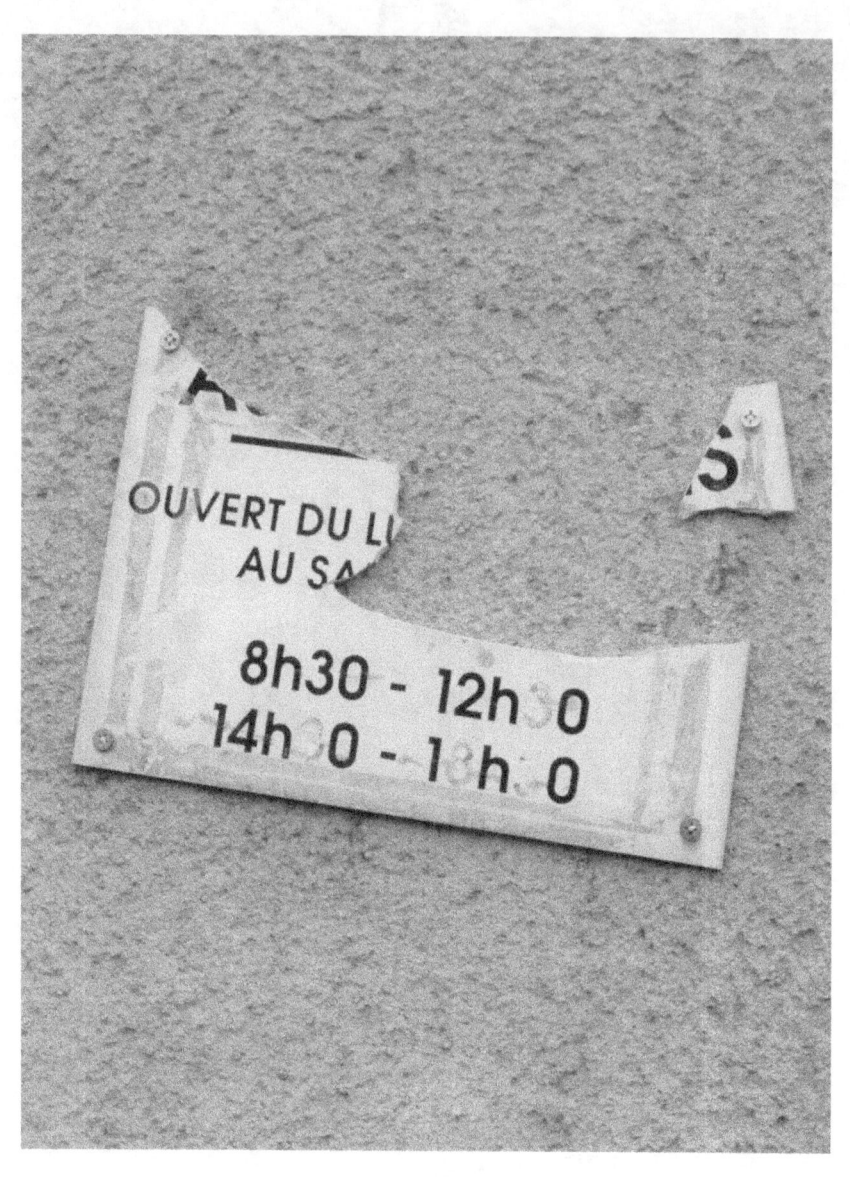

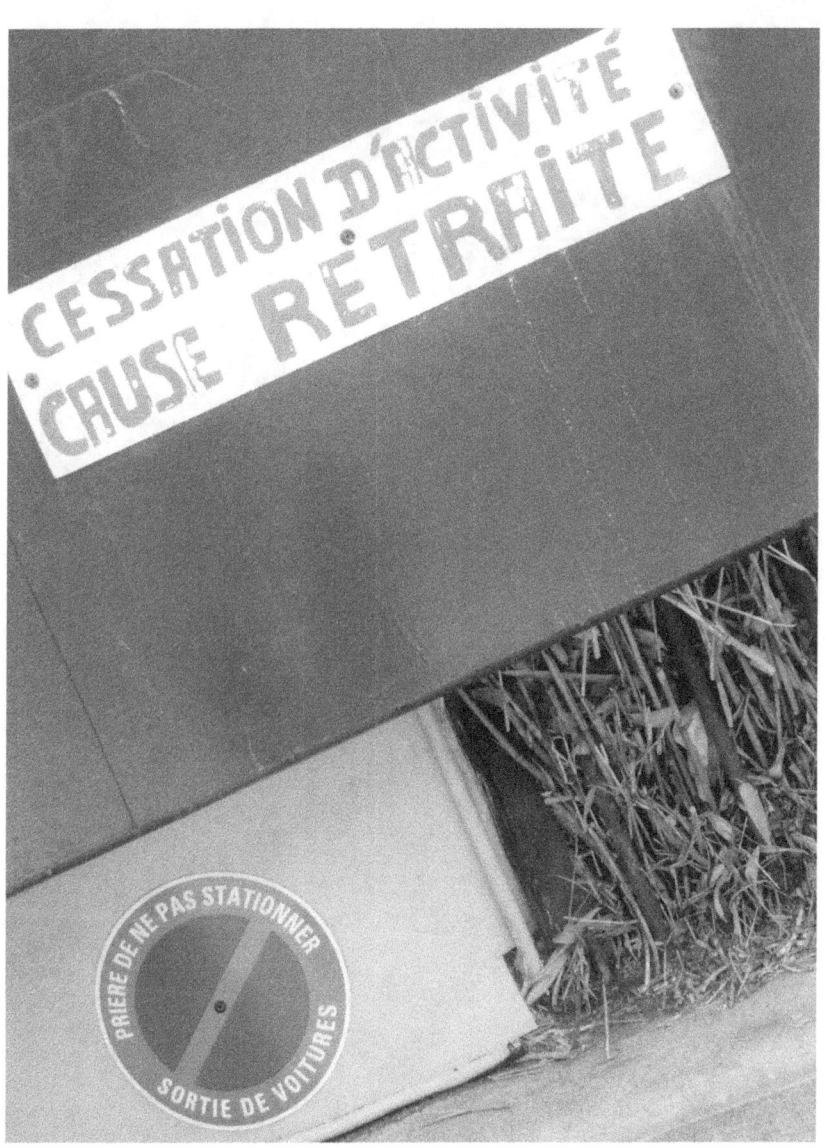

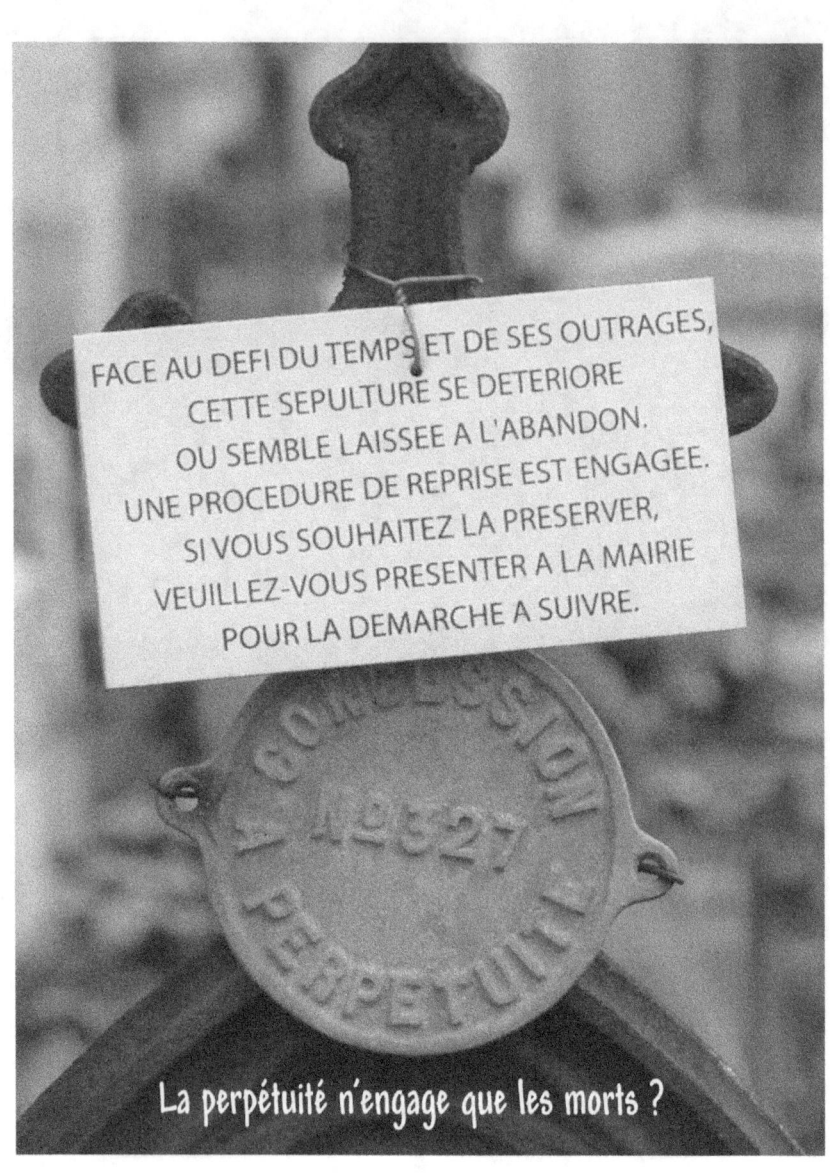

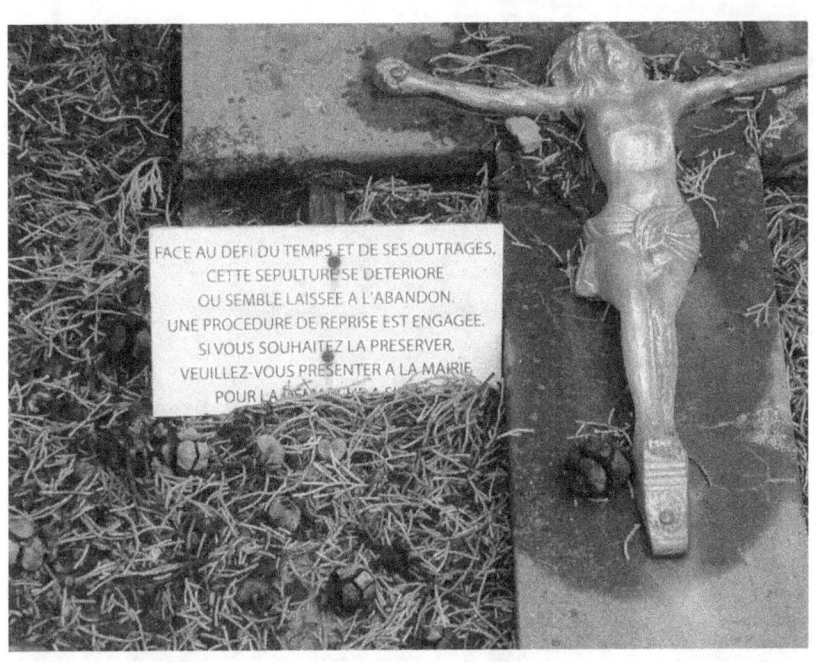

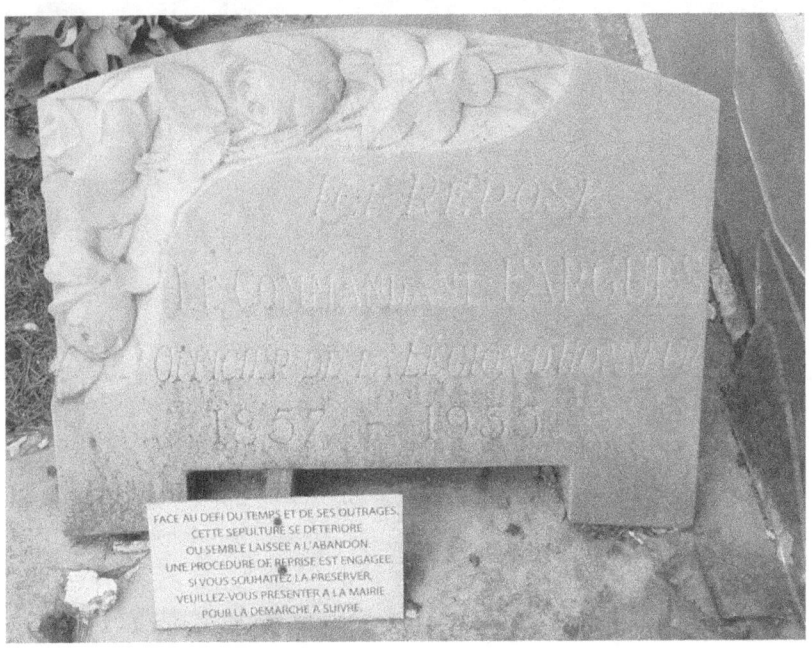

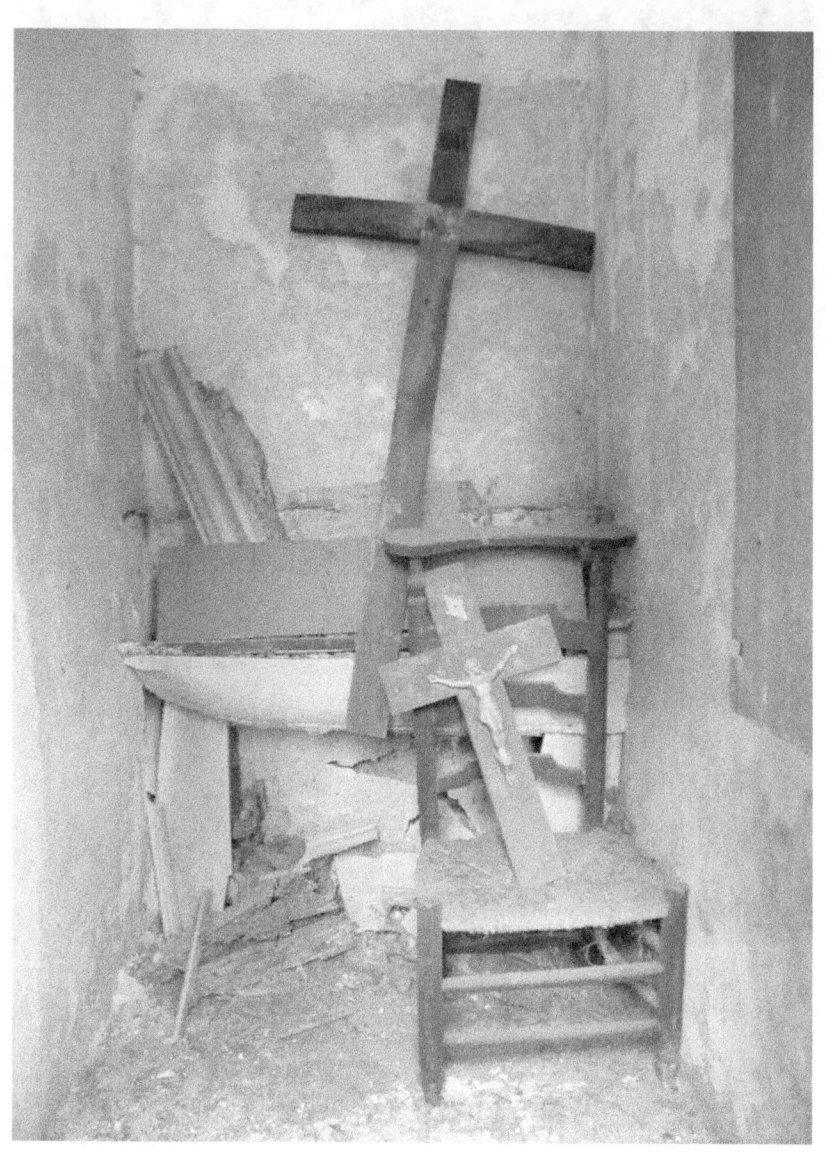

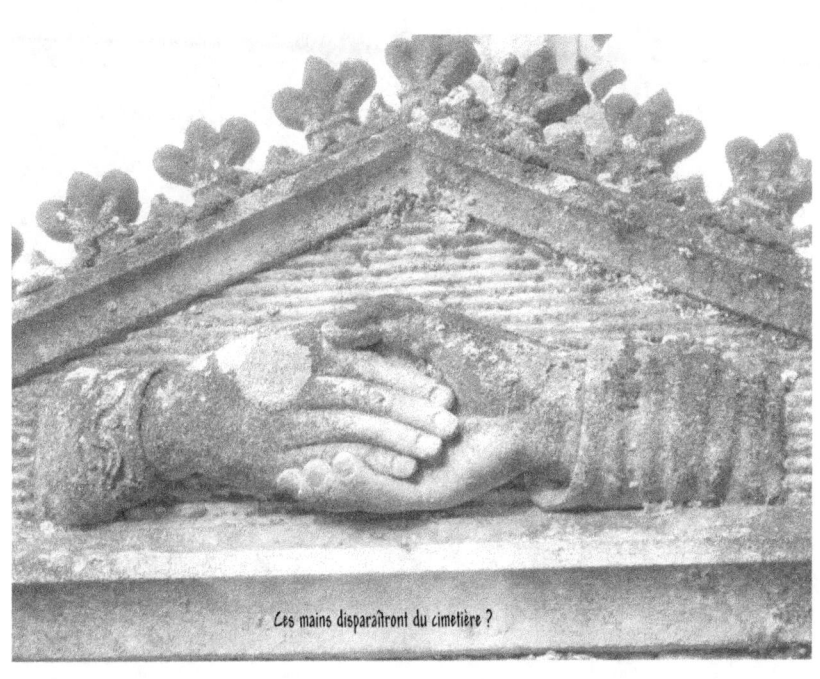

Ces mains disparaîtront du cimetière ?

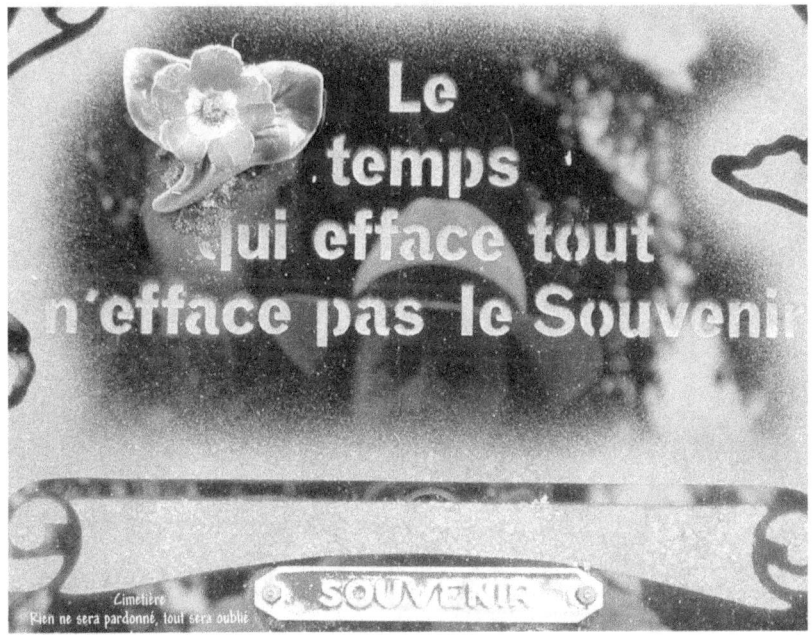

Le temps qui efface tout n'efface pas le Souvenir

Cimetière
Rien ne sera pardonné, tout sera oublié

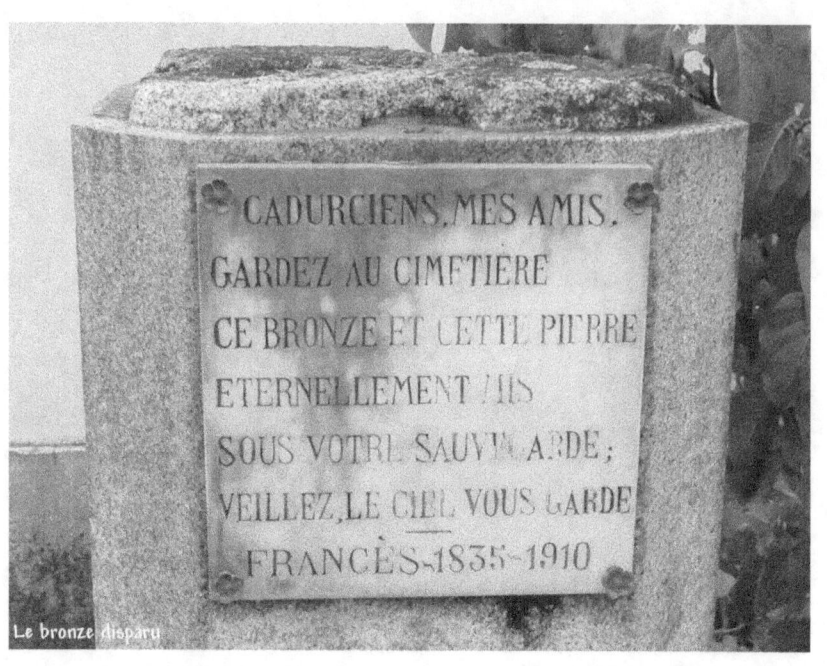

Le bronze disparu

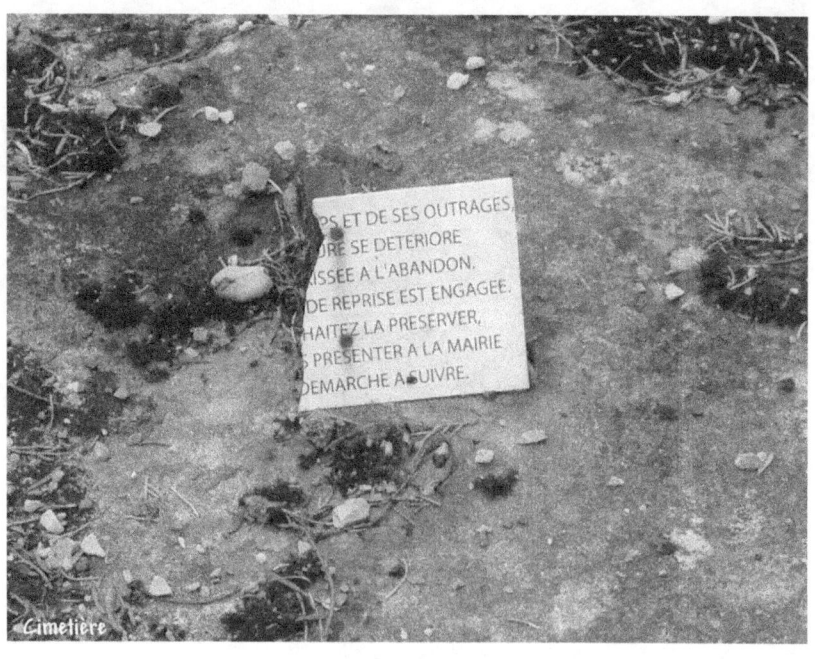

Cimetière

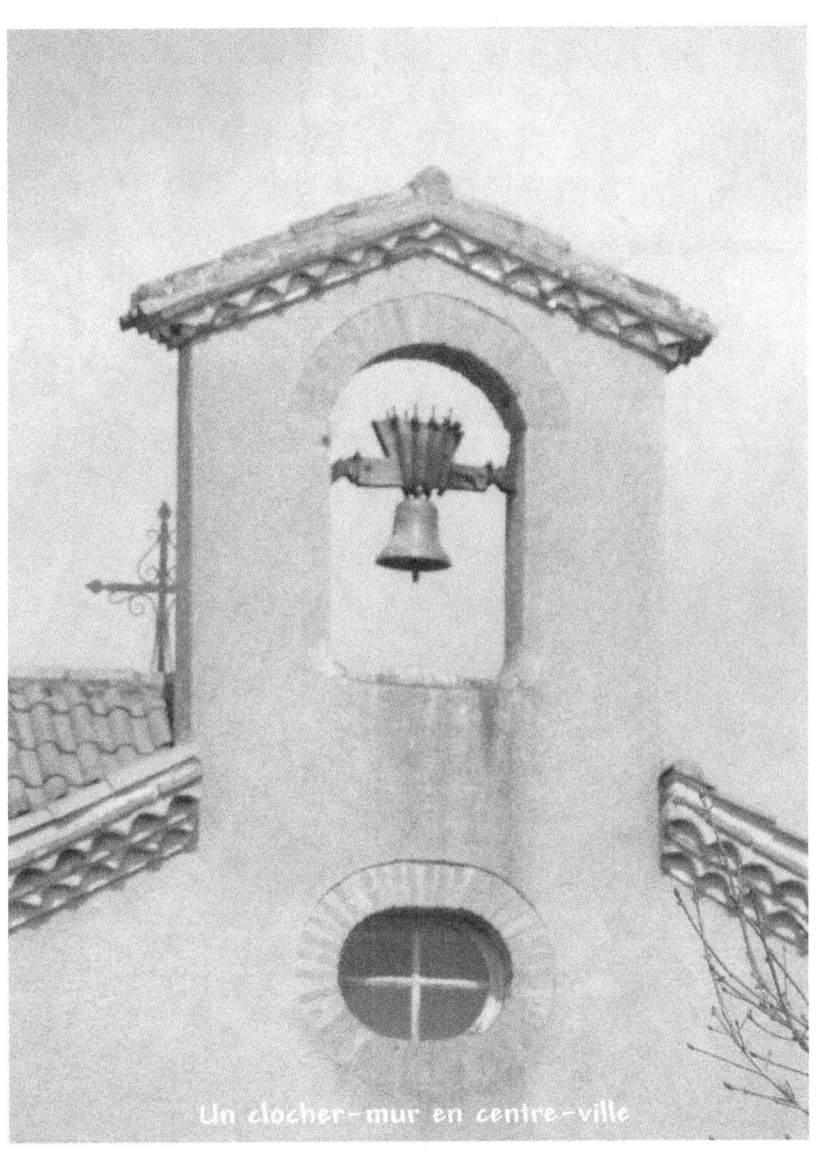

Un clocher-mur en centre-ville

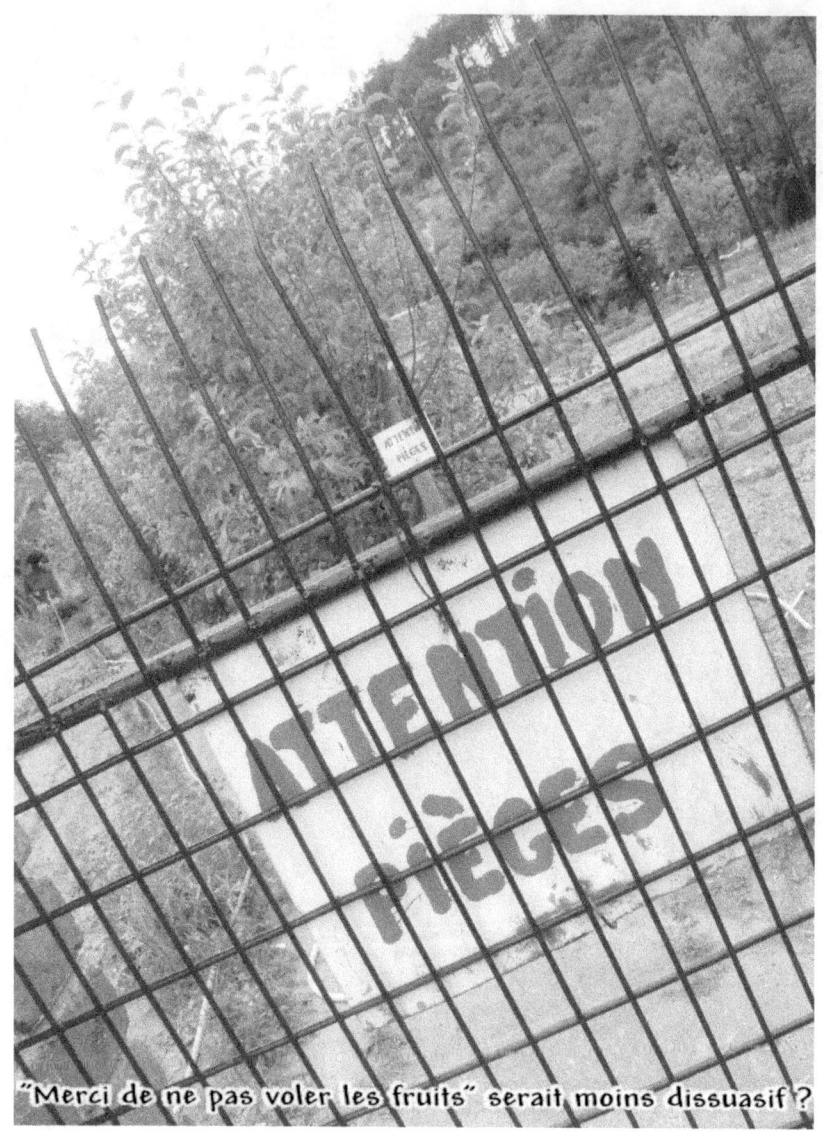

"Merci de ne pas voler les fruits" serait moins dissuasif ?

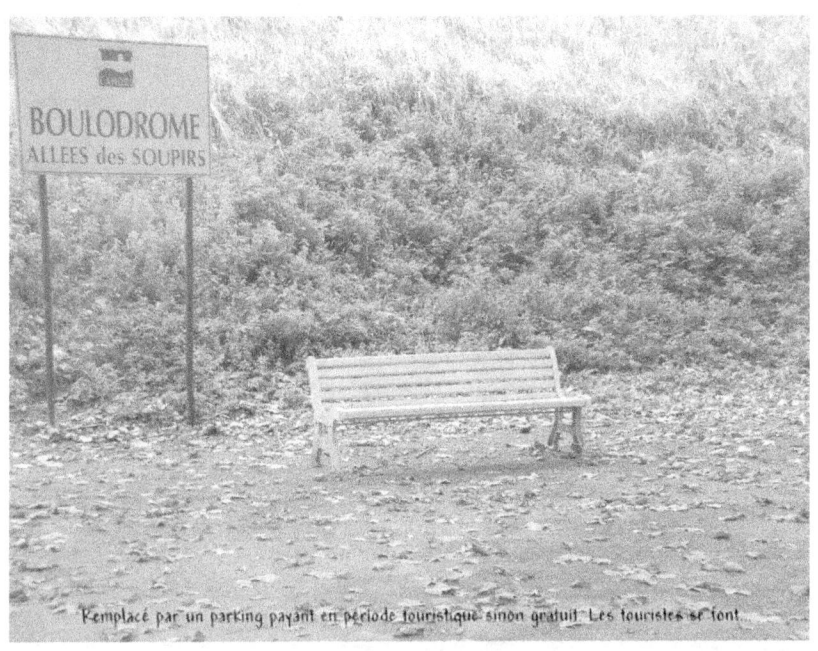

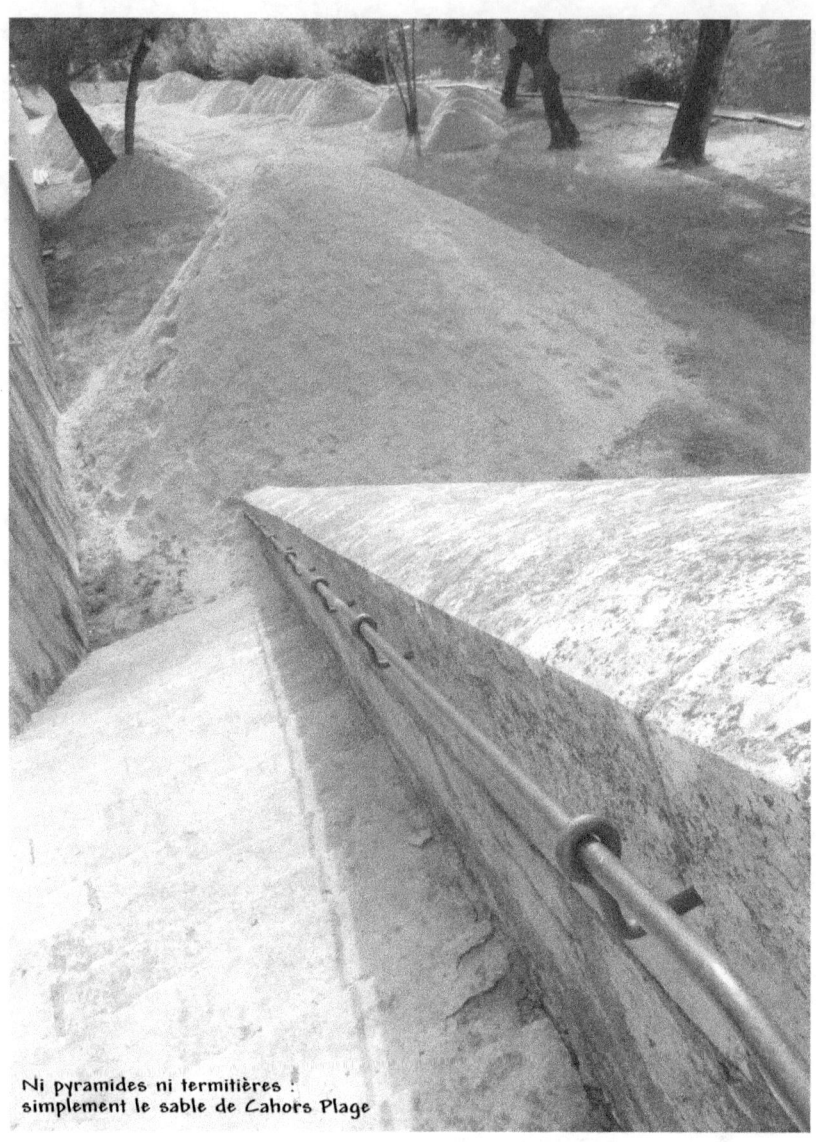

Ni pyramides ni termitières :
simplement le sable de Cahors Plage

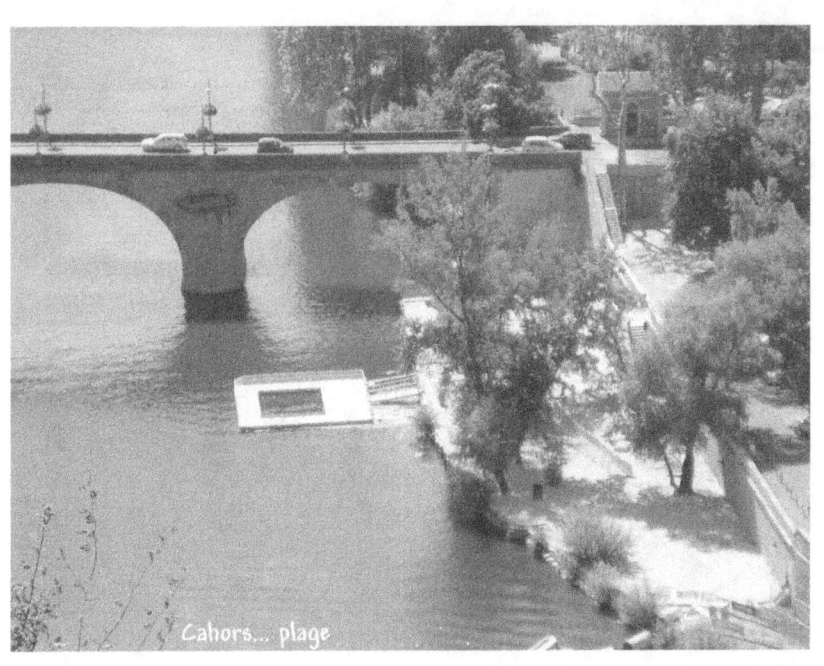

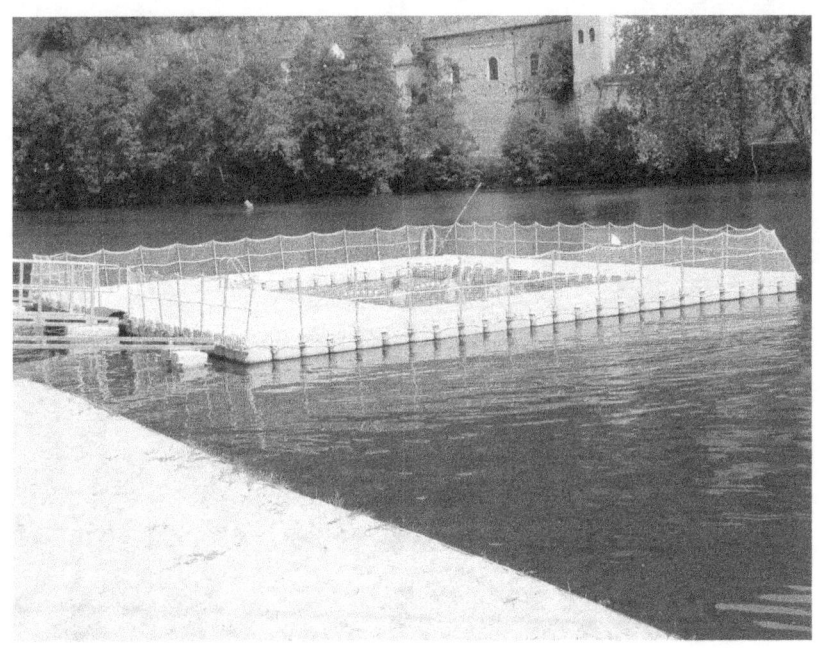

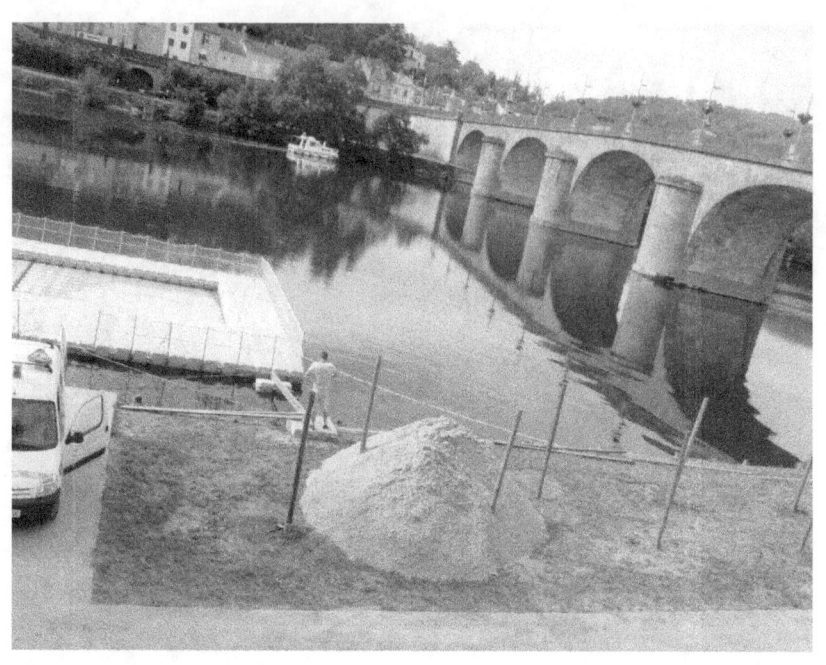

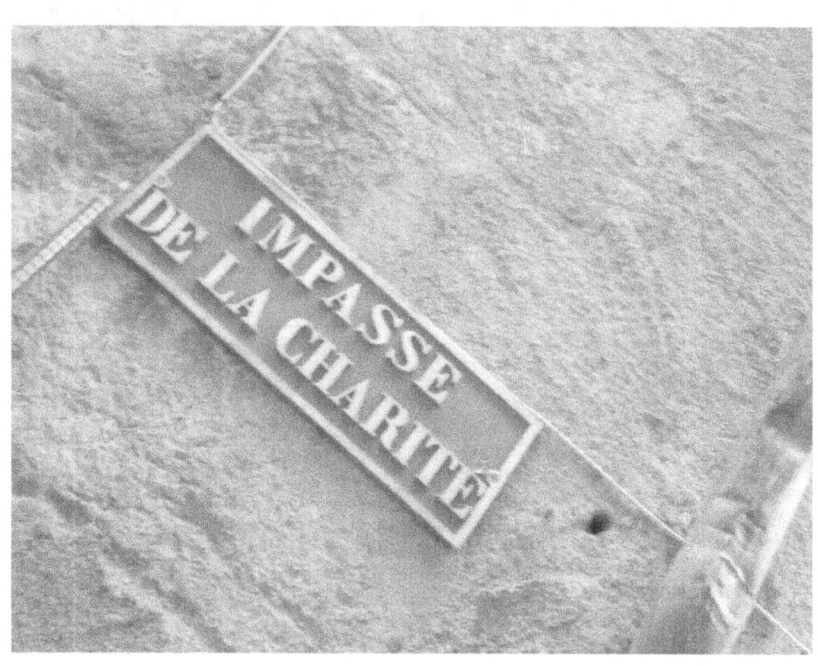

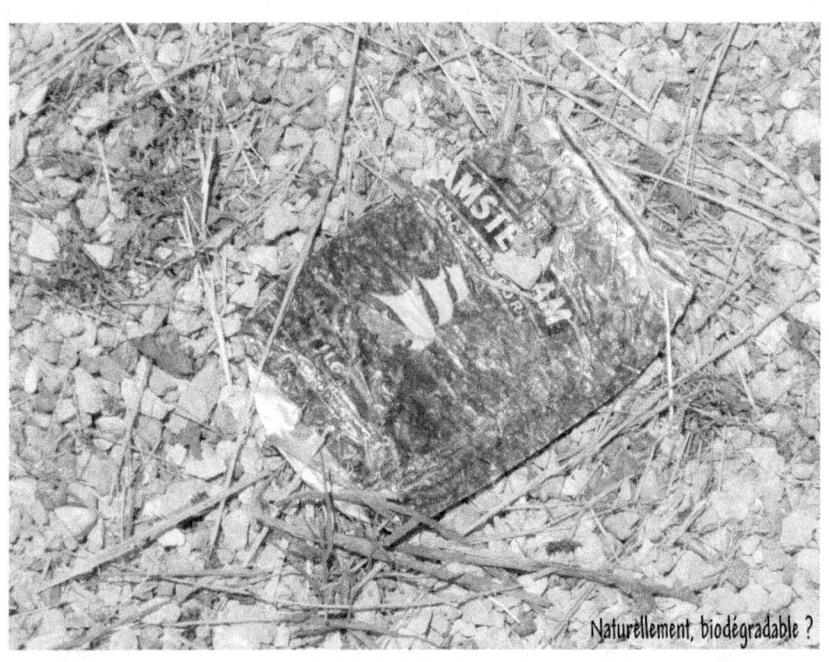

Naturellement, biodégradable ?

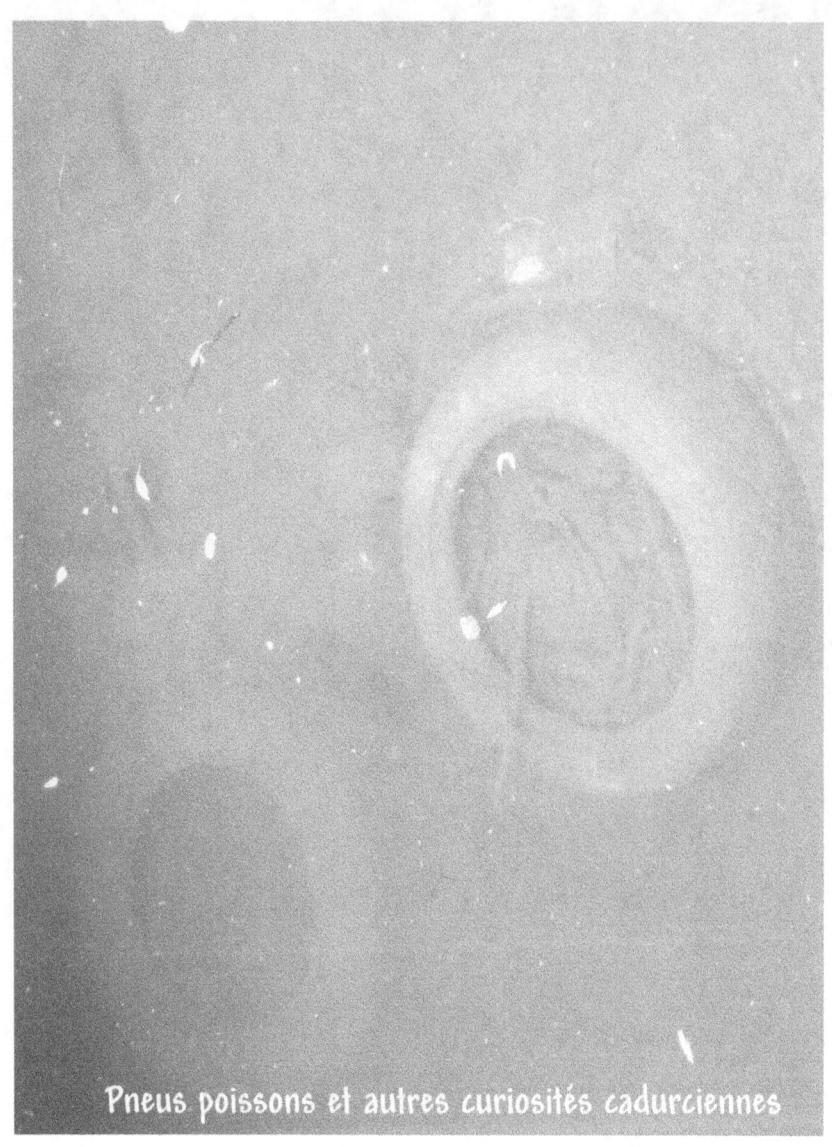
Pneus poissons et autres curiosités cadurciennes

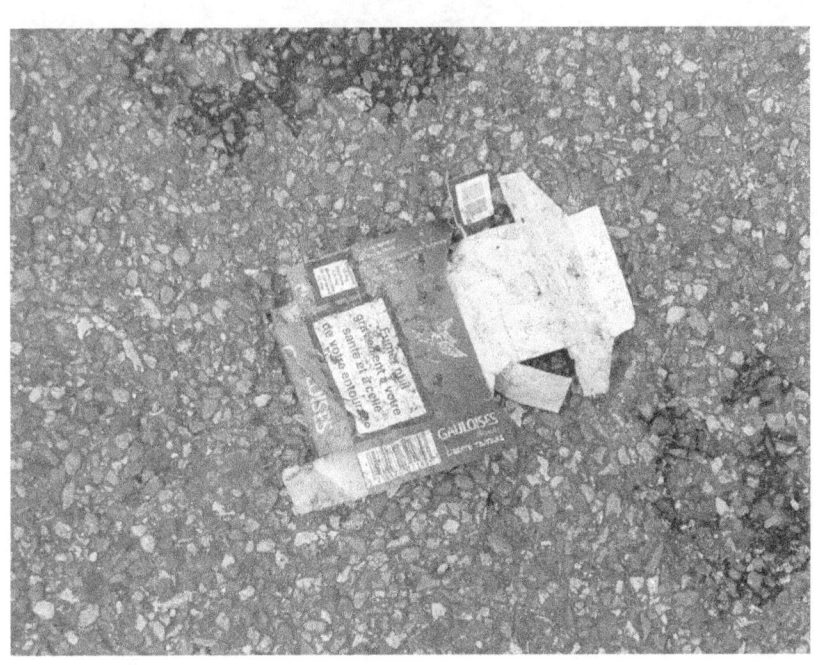

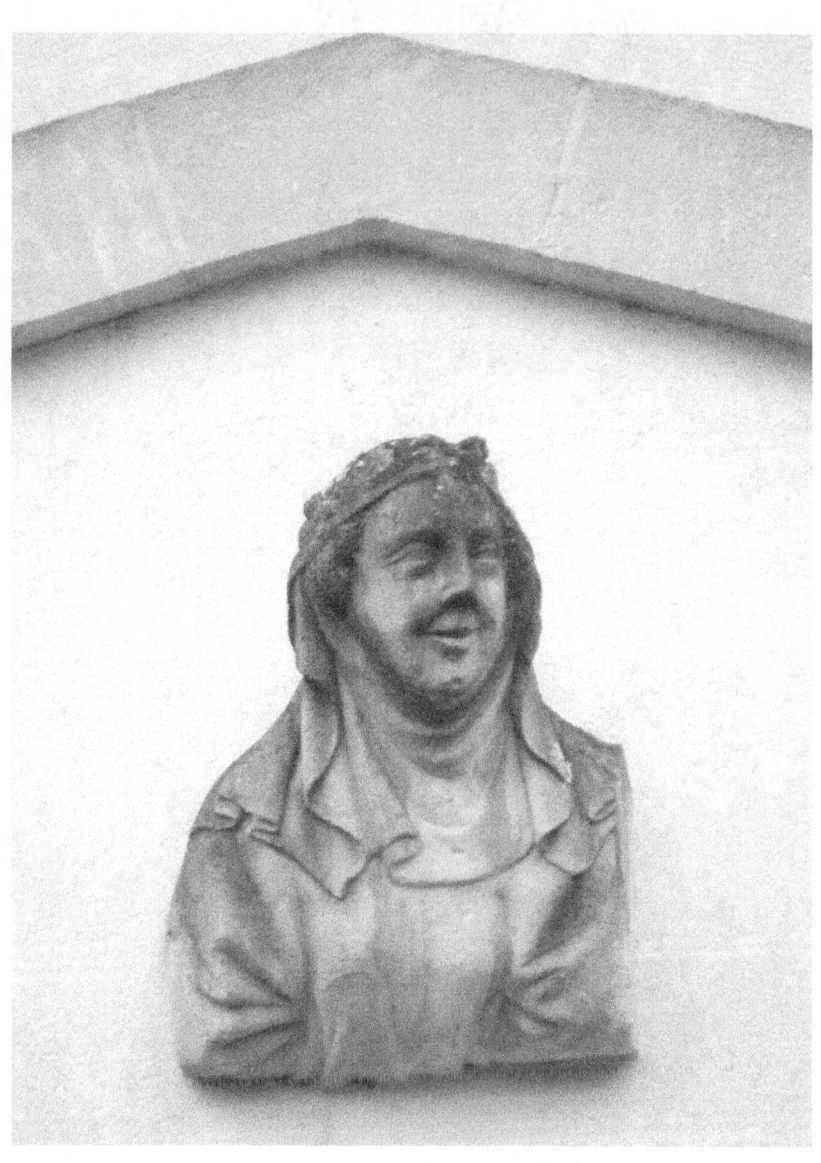

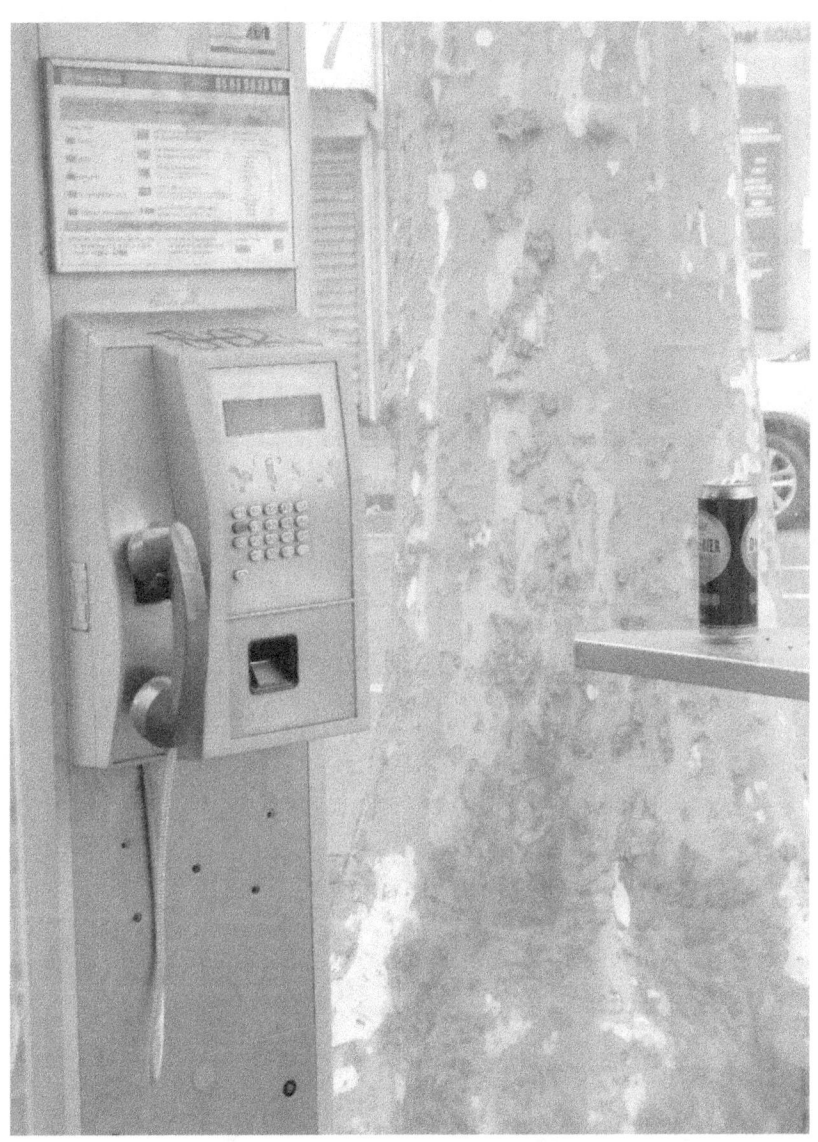

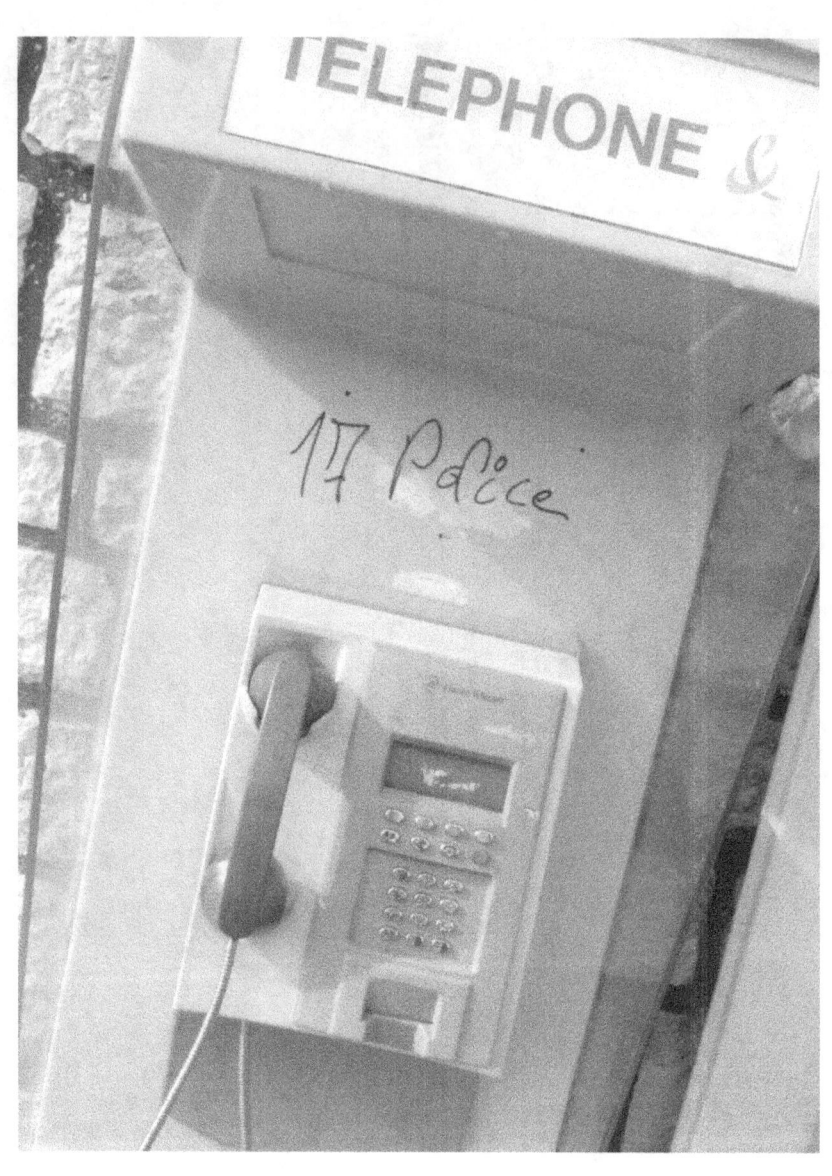

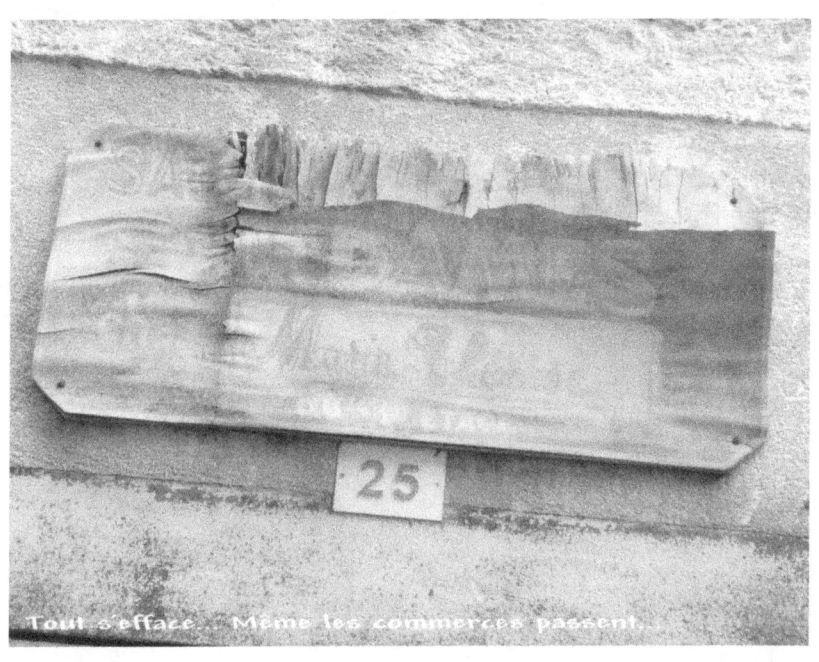

Tout s'efface... Même les commerces passent...

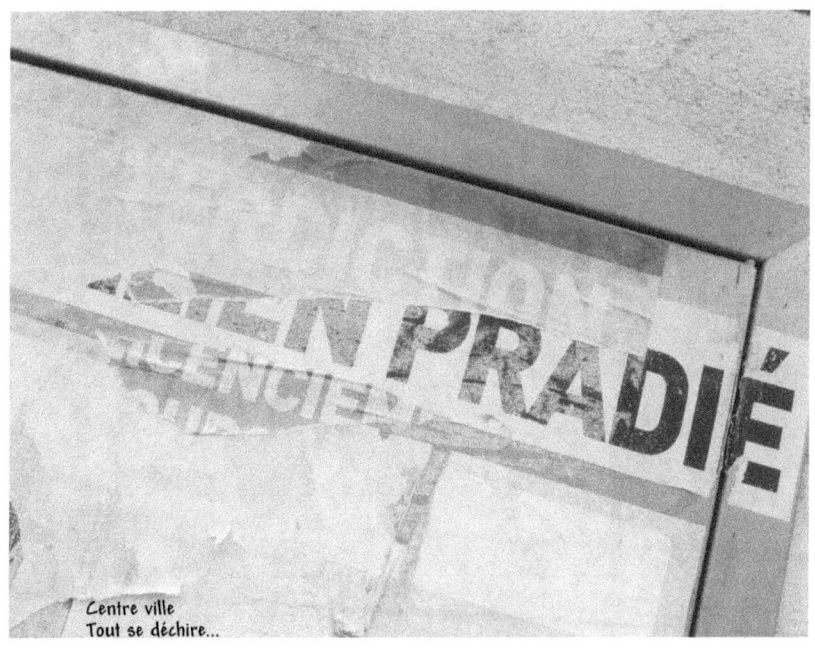

Centre ville
Tout se déchire...

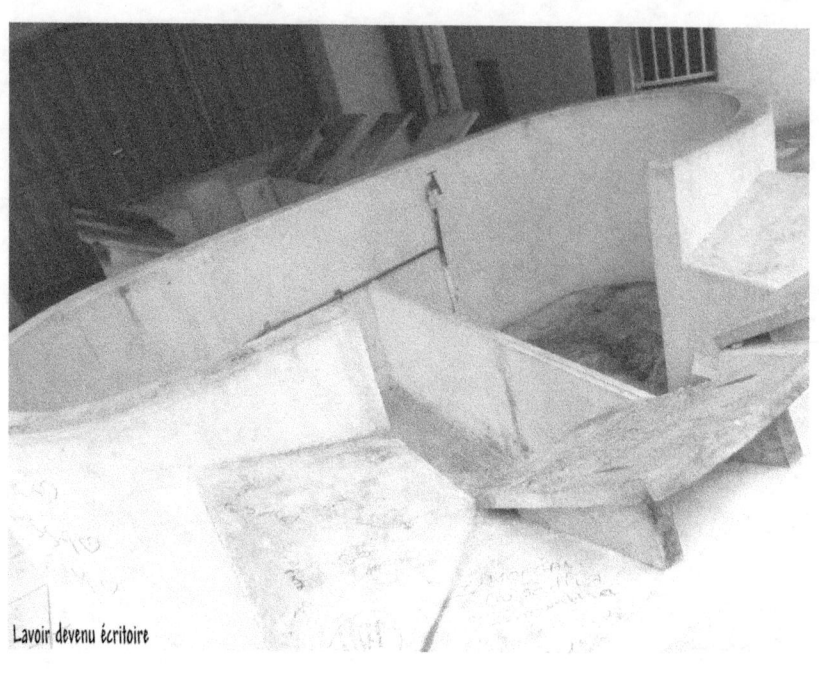
Lavoir devenu écritoire

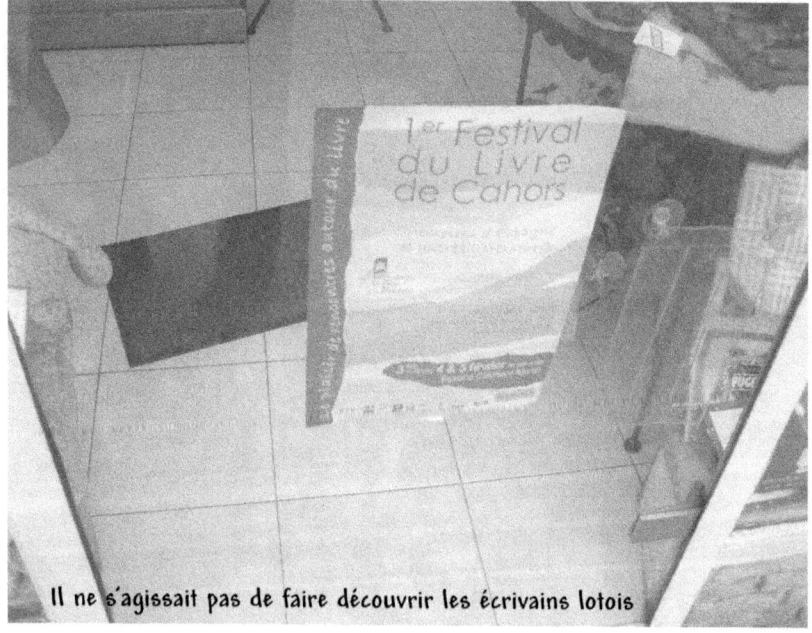
Il ne s'agissait pas de faire découvrir les écrivains lotois

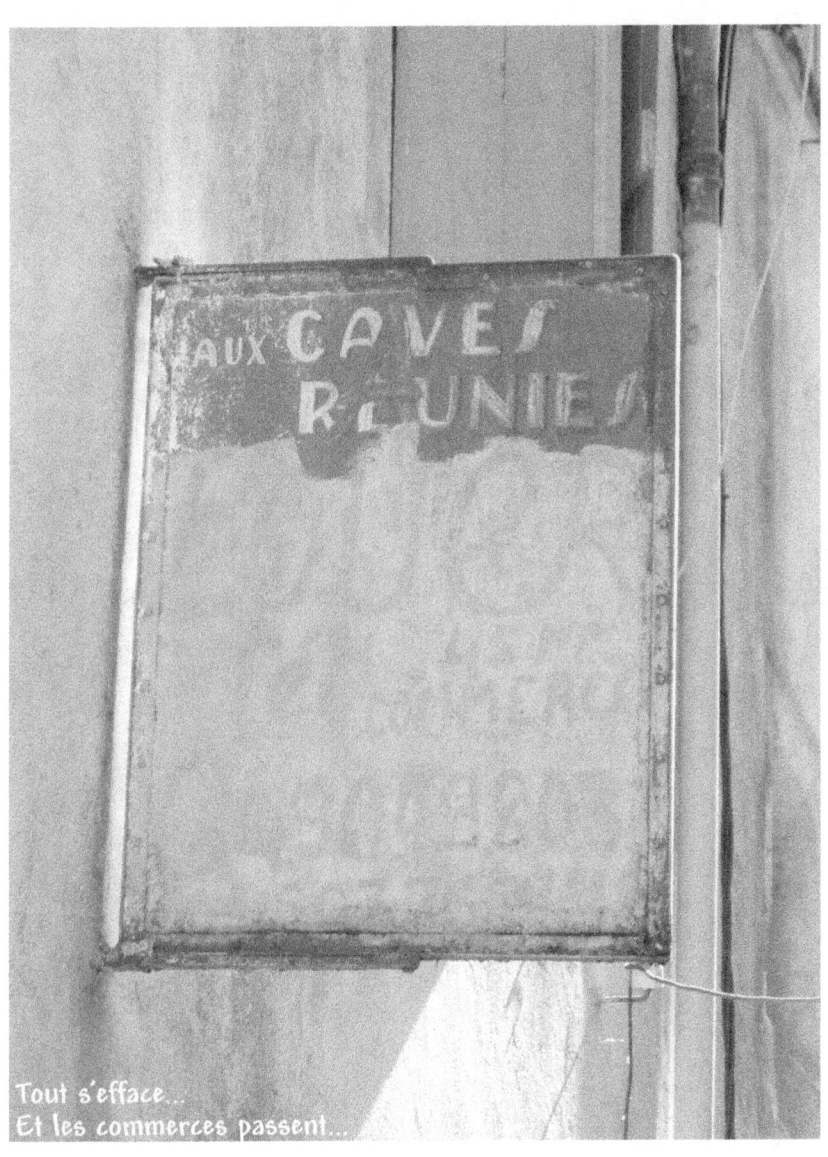

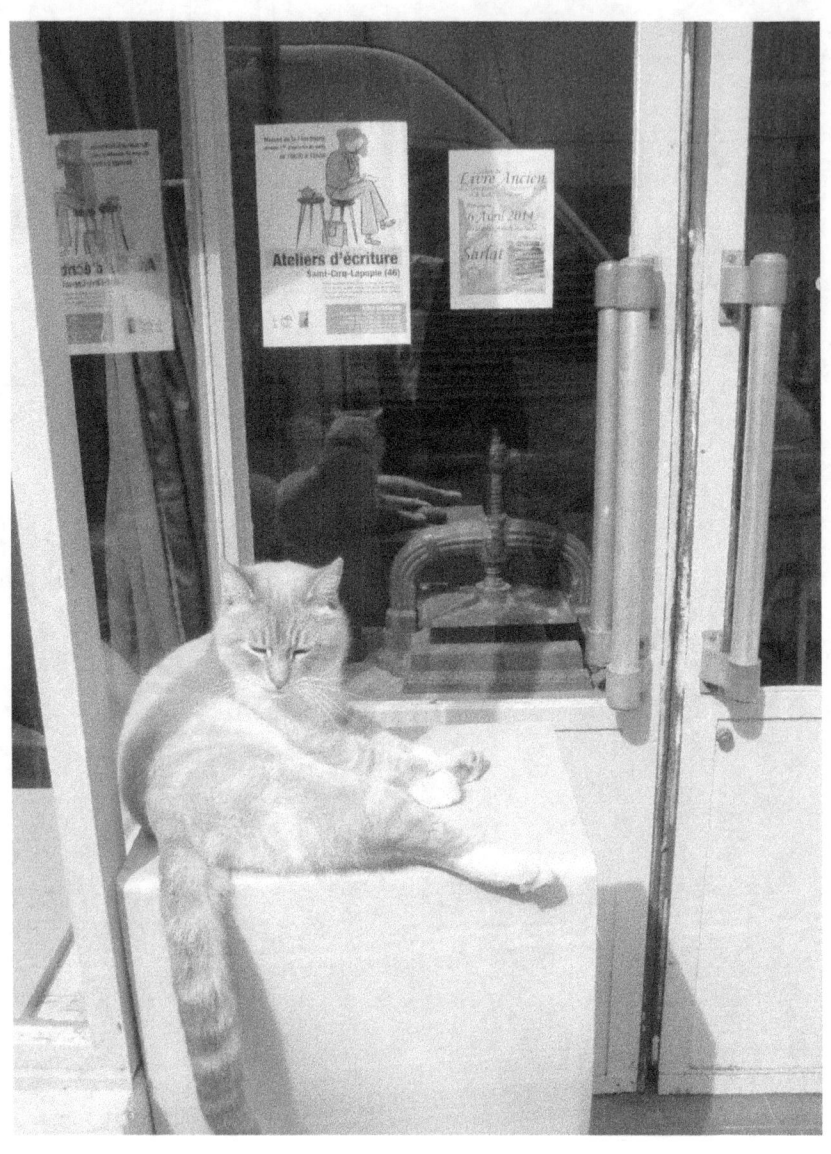

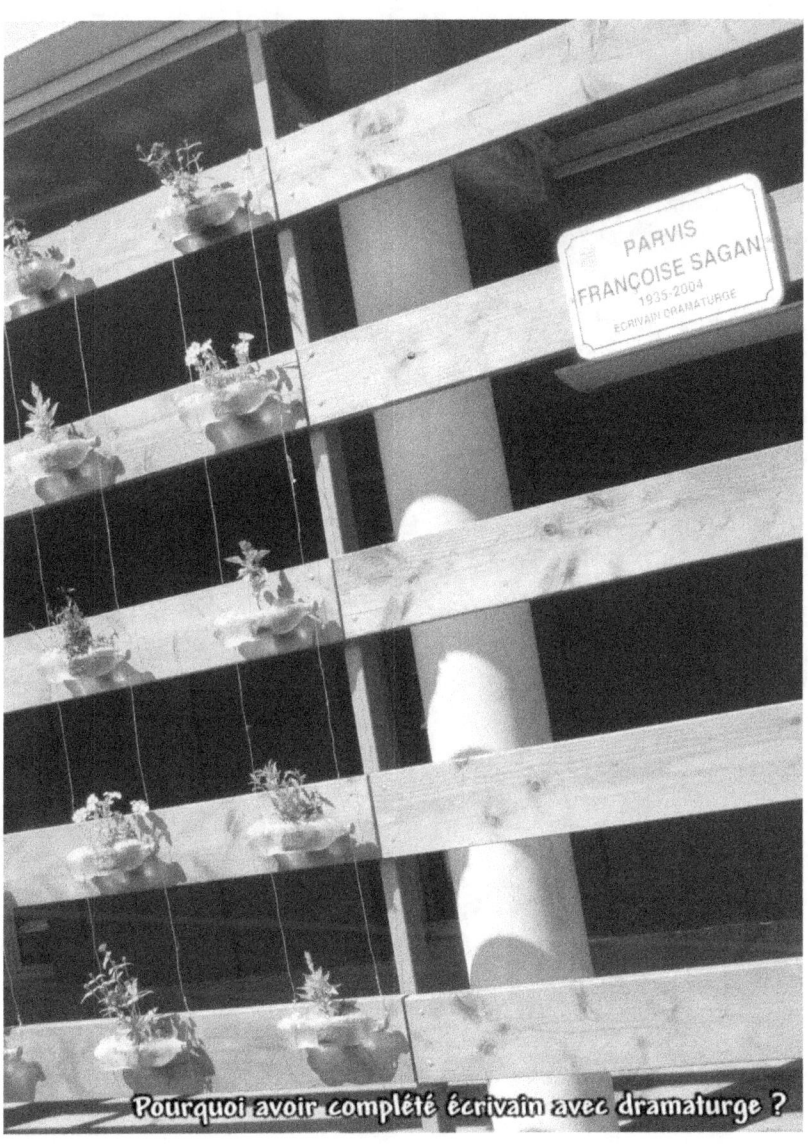

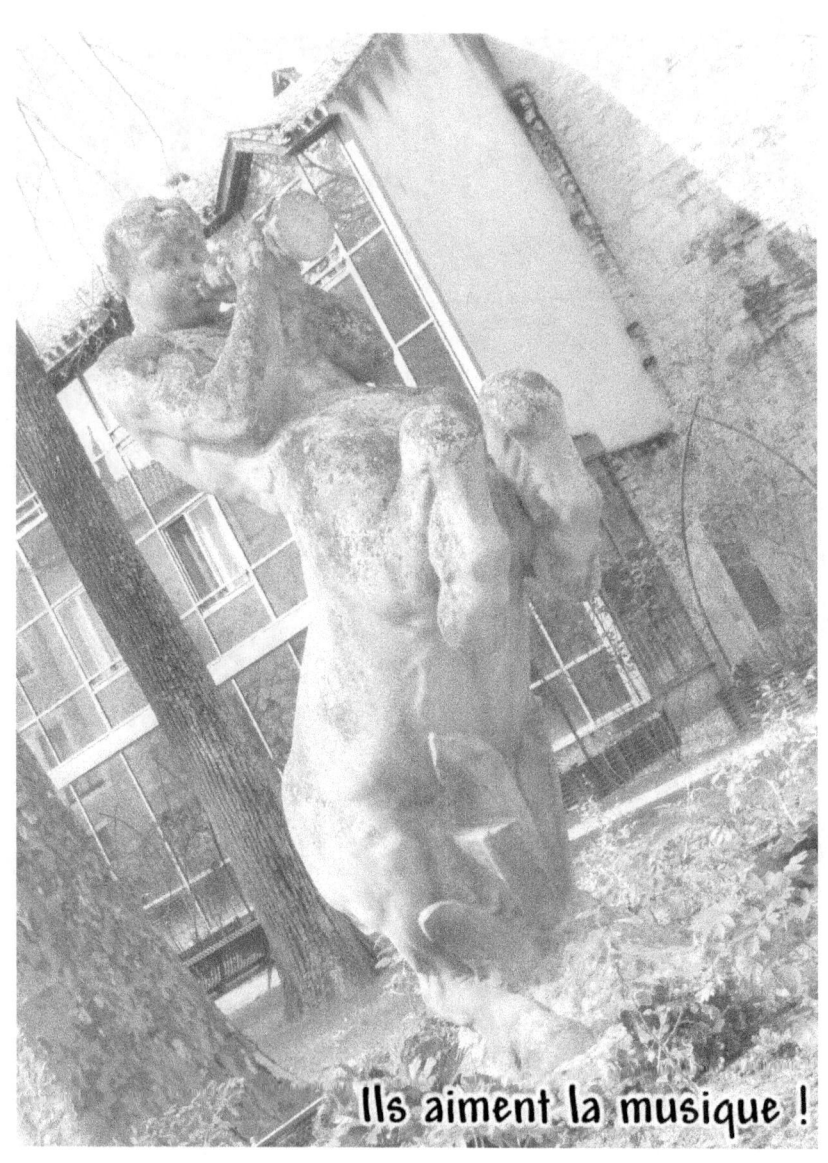

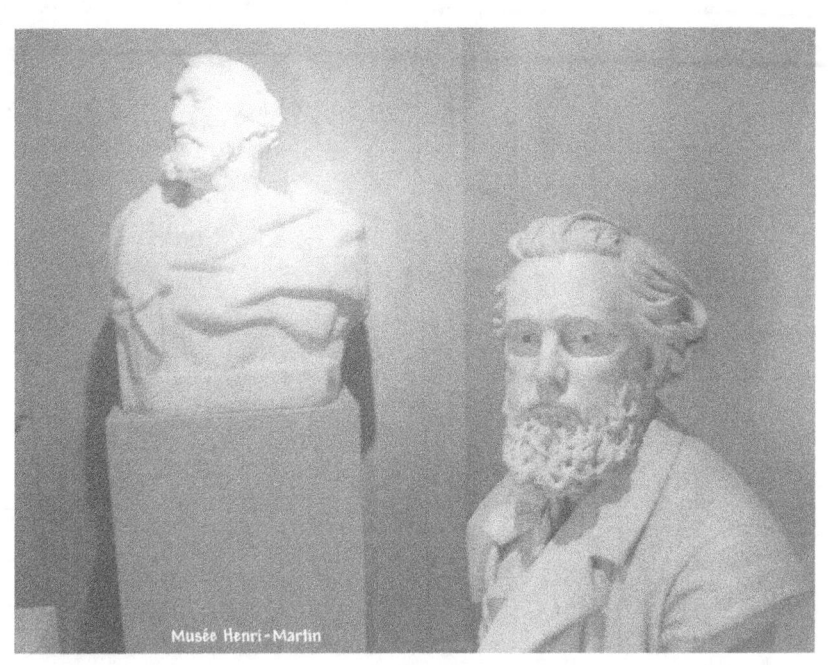

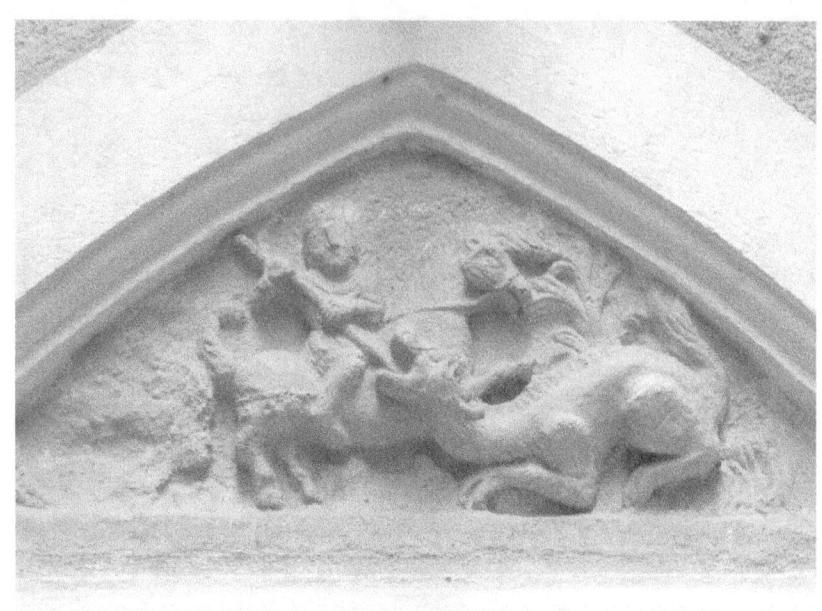

Vieux quartiers

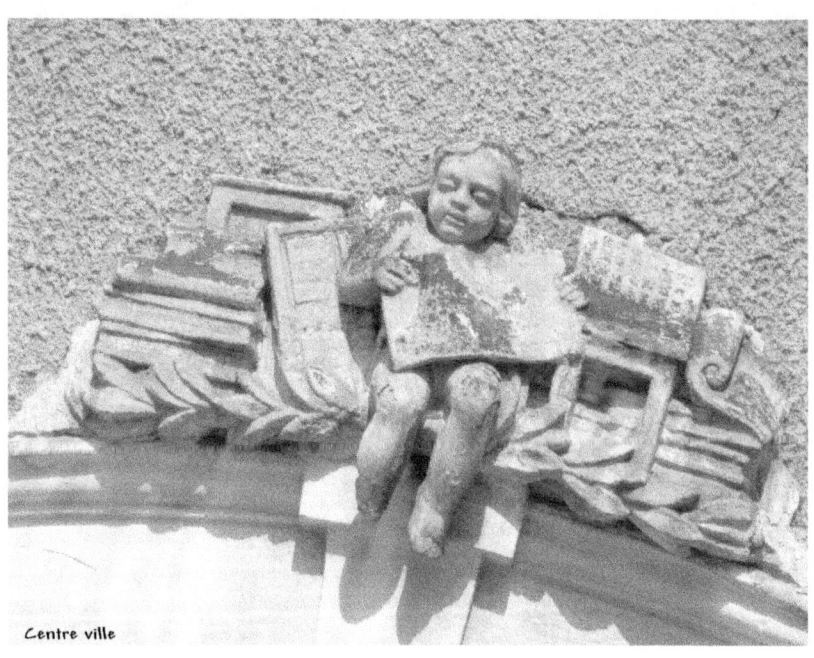

Centre ville

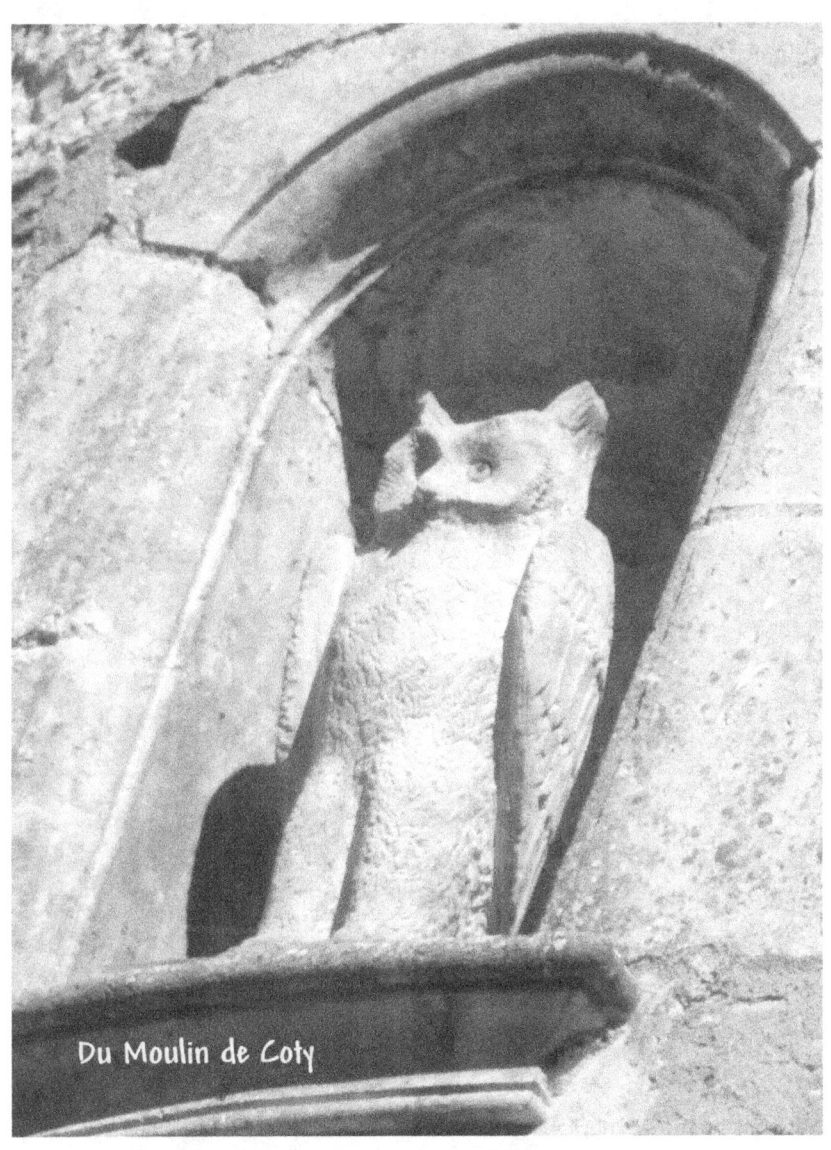
Du Moulin de Coty

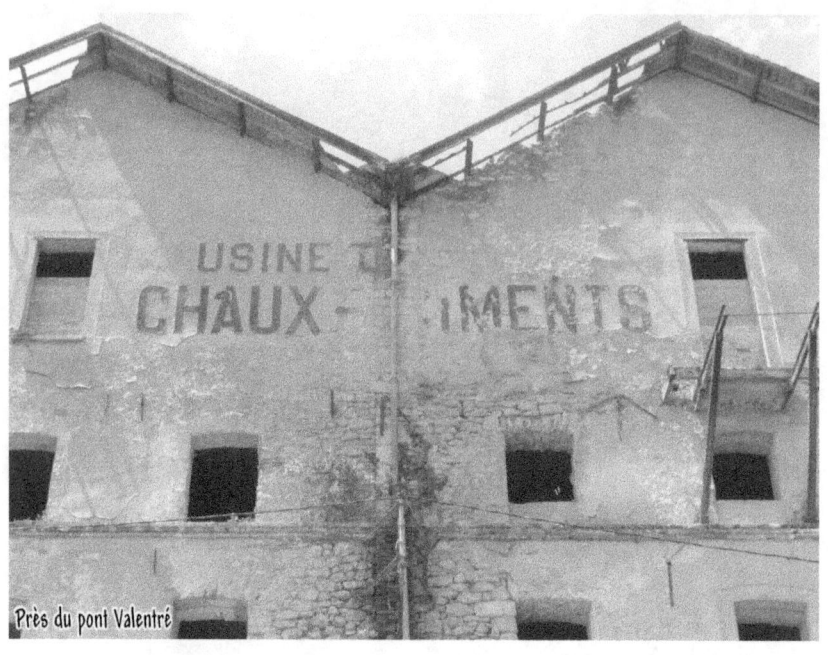

Près du pont Valentré

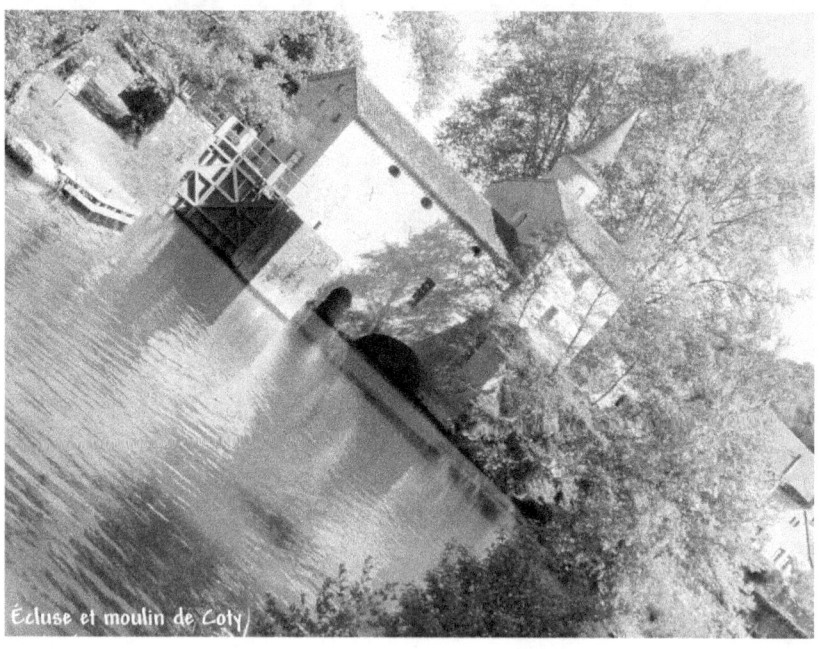

Écluse et moulin de Coty

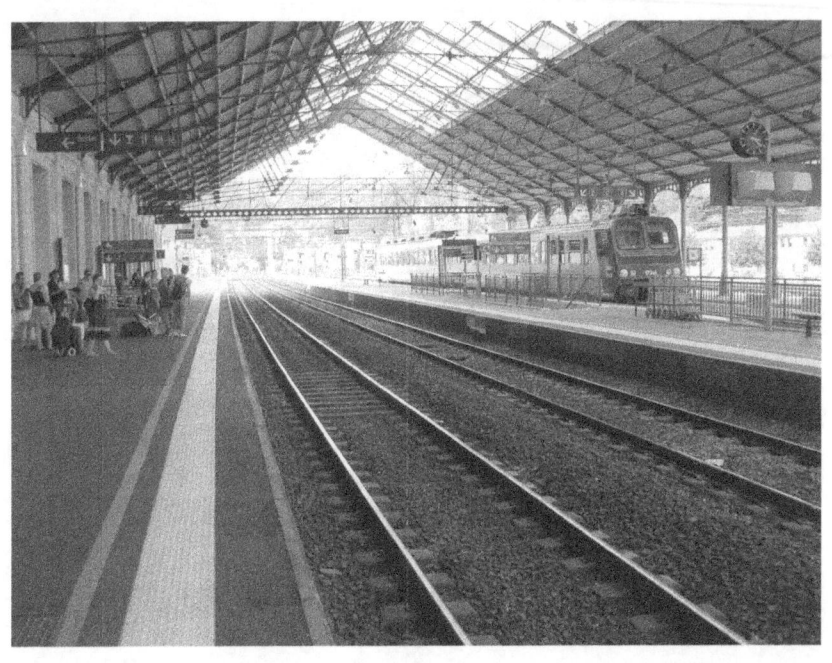

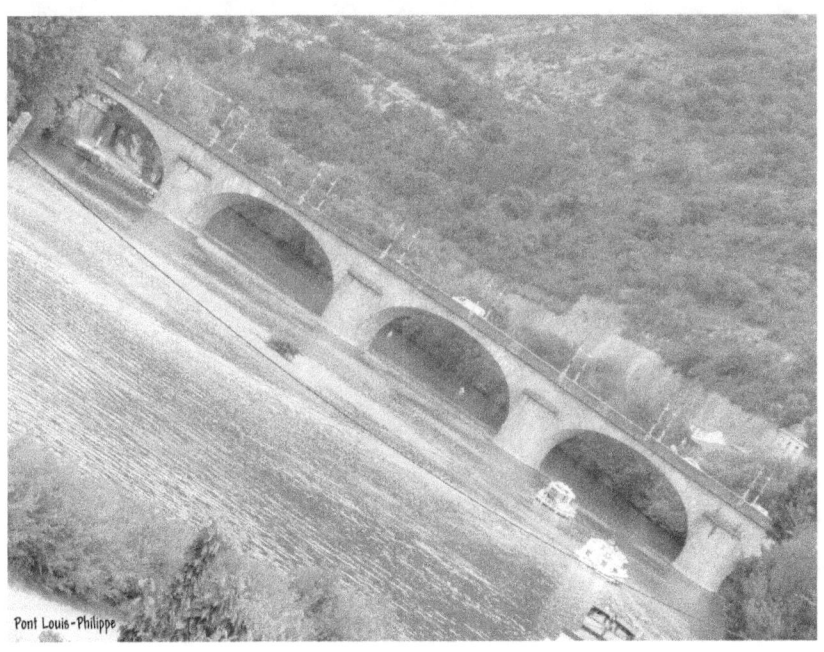

Pont Louis-Philippe

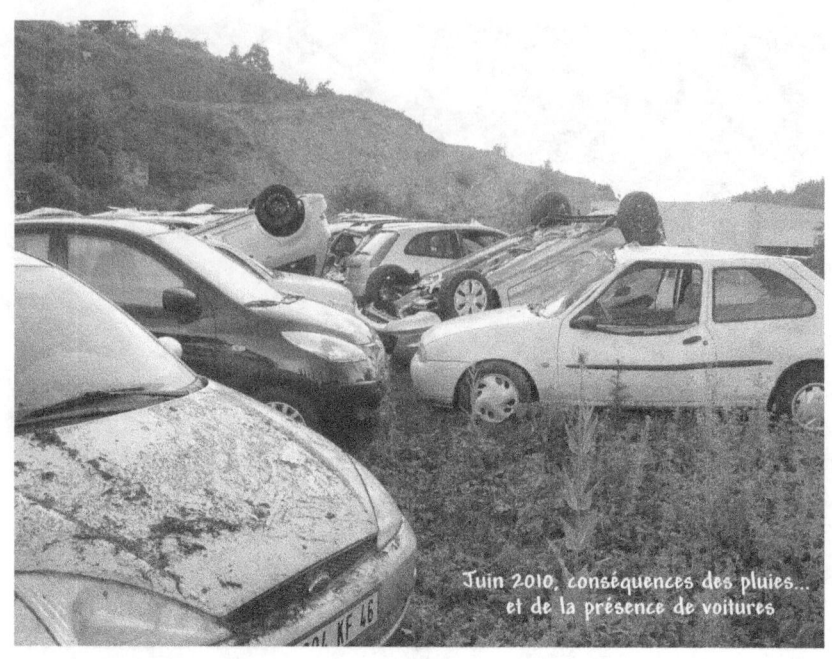

Juin 2010, conséquences des pluies... et de la présence de voitures

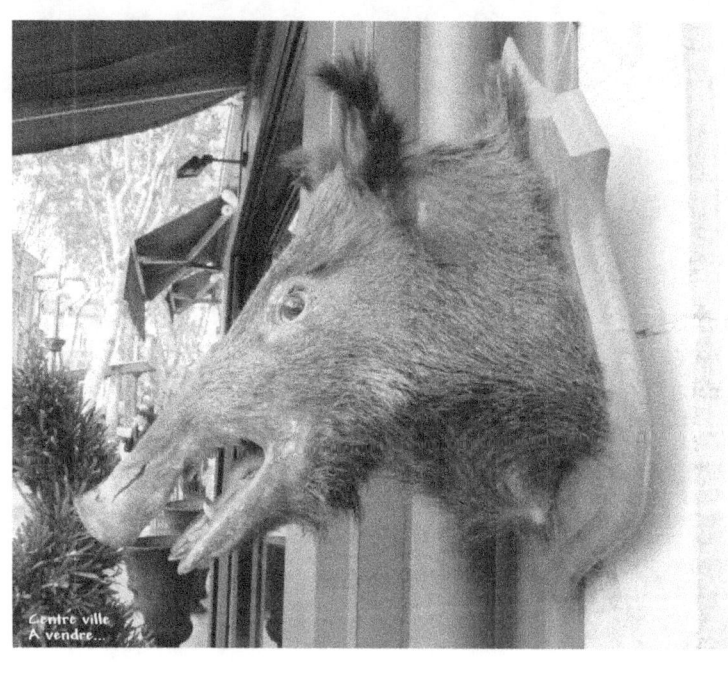

Centre ville
A vendre...

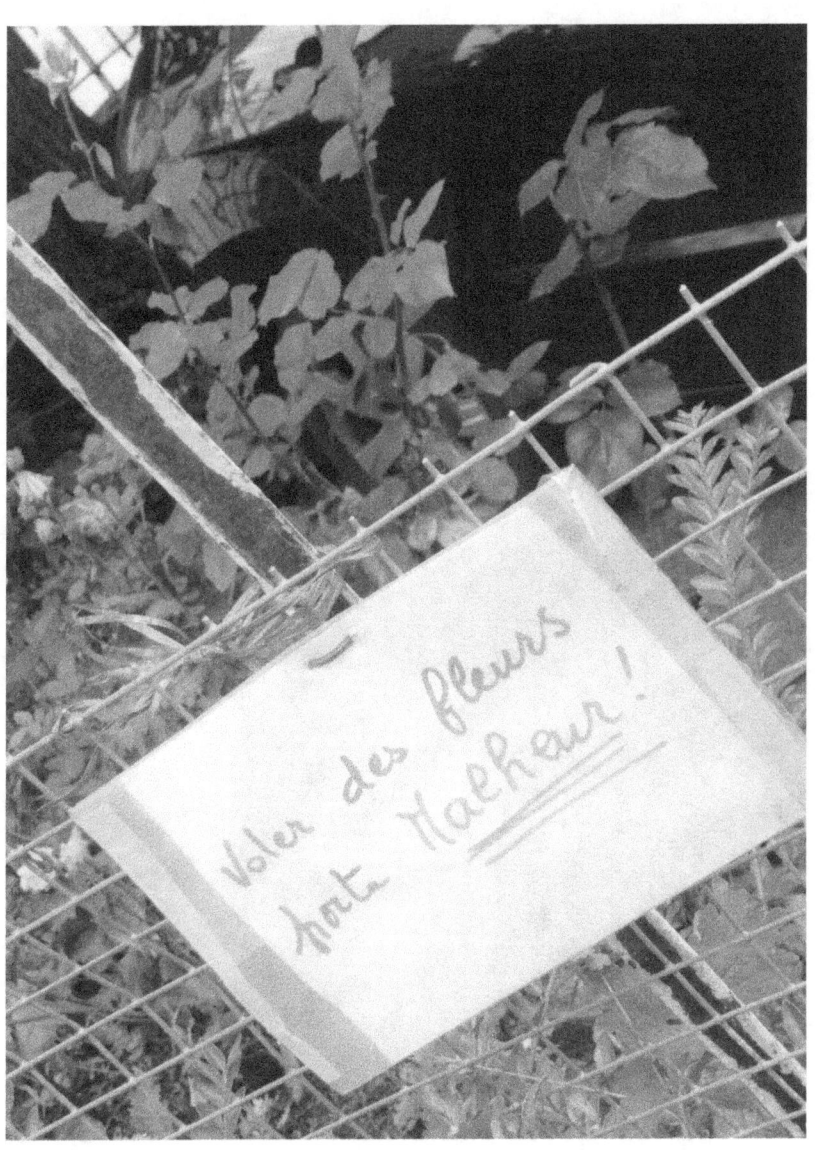

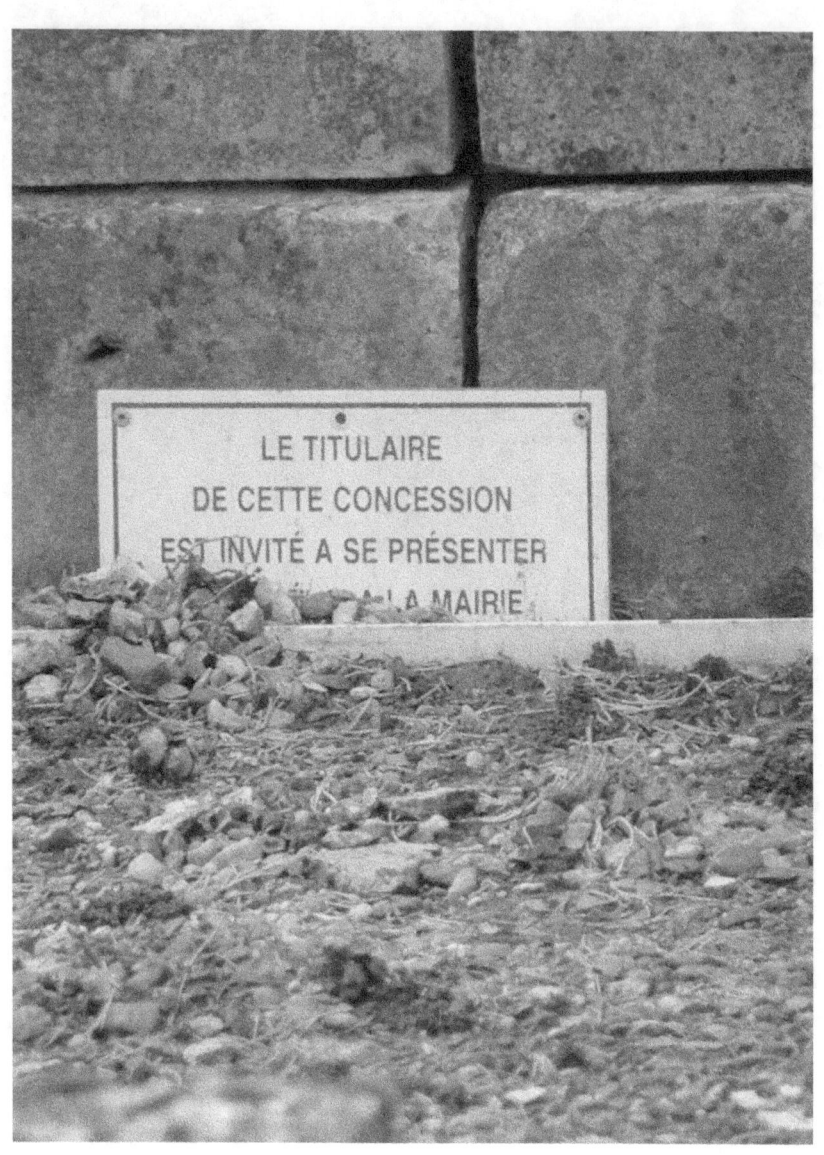

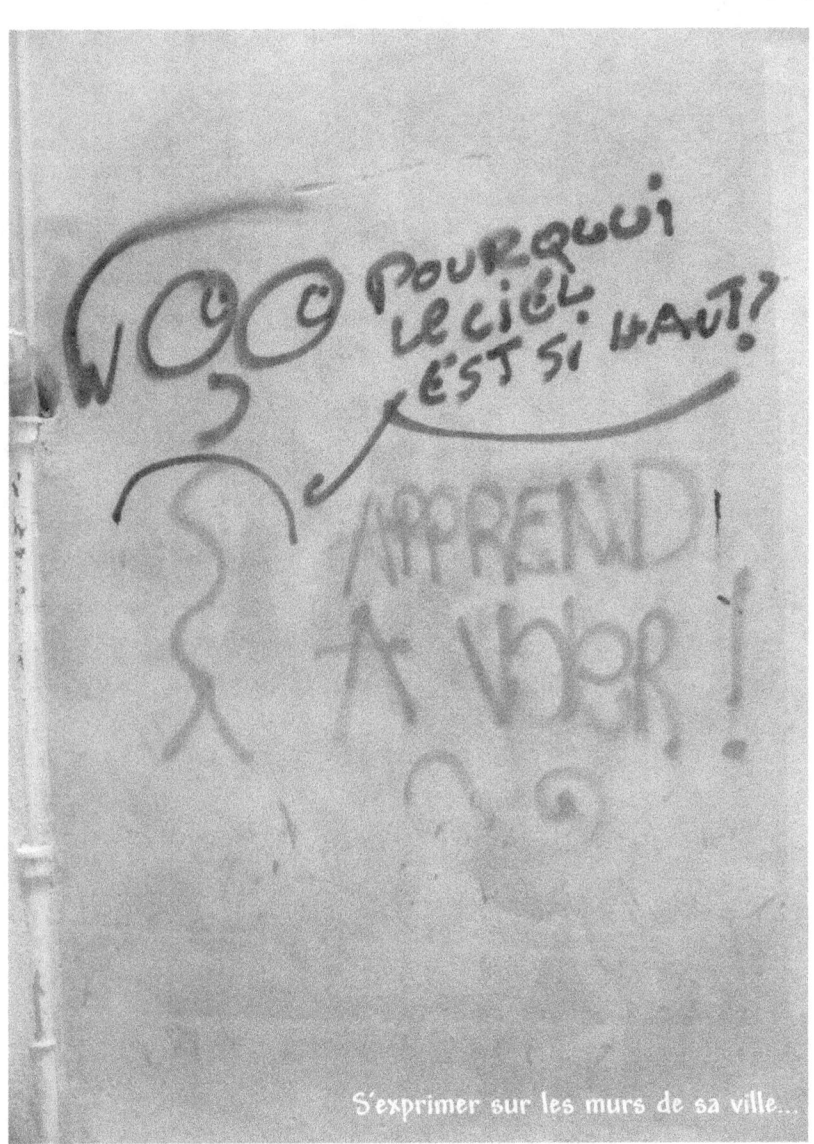

S'exprimer sur les murs de sa ville...

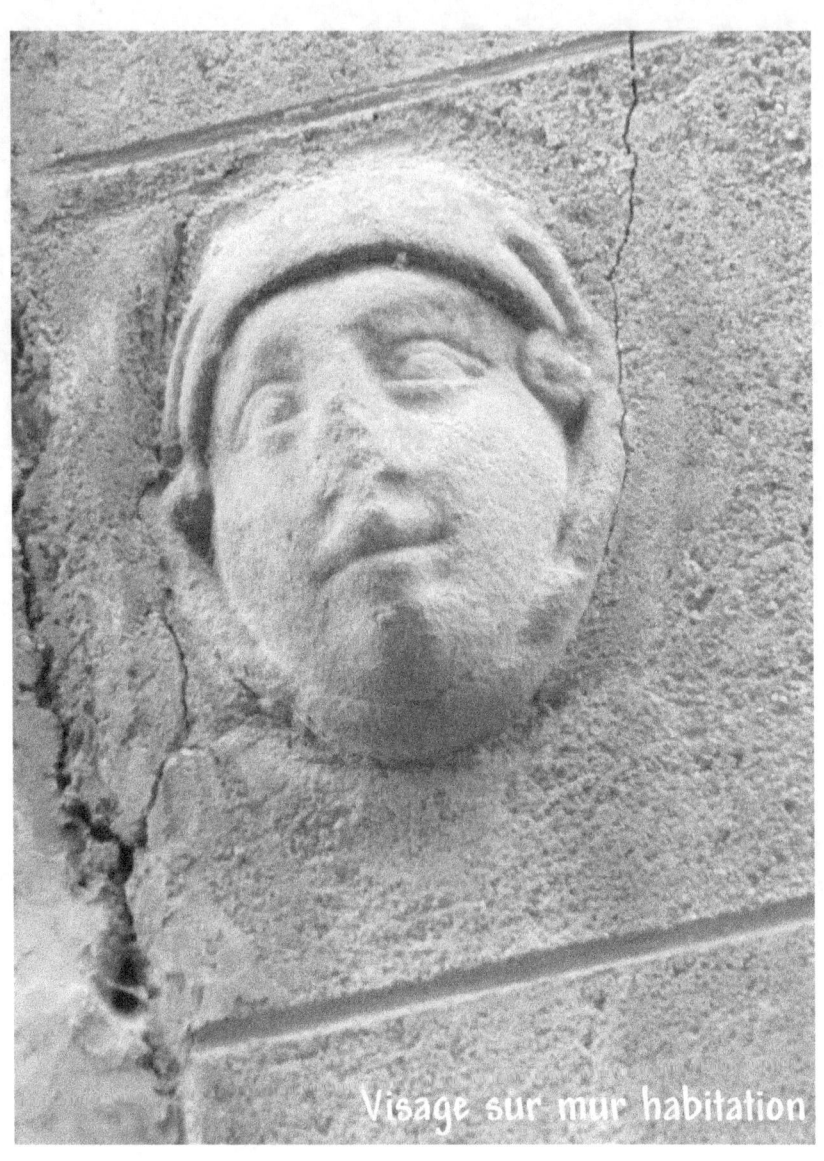
Visage sur mur habitation

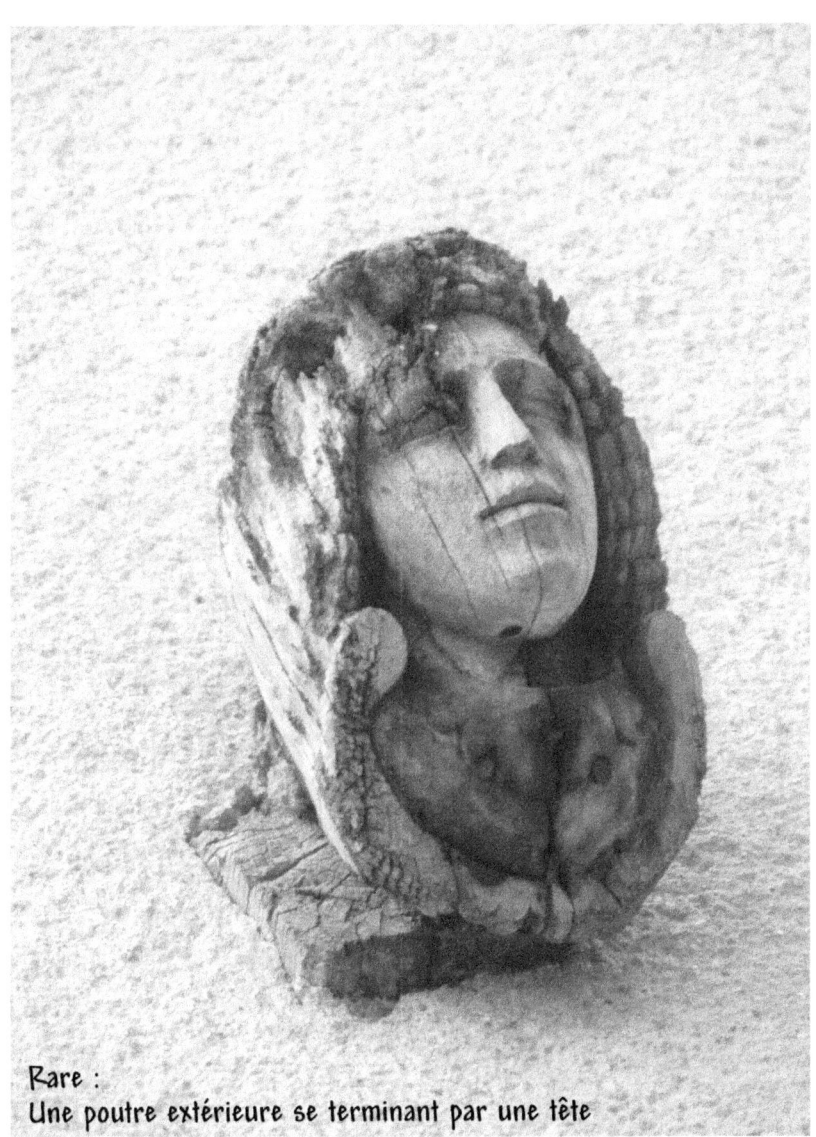

Rare :
Une poutre extérieure se terminant par une tête

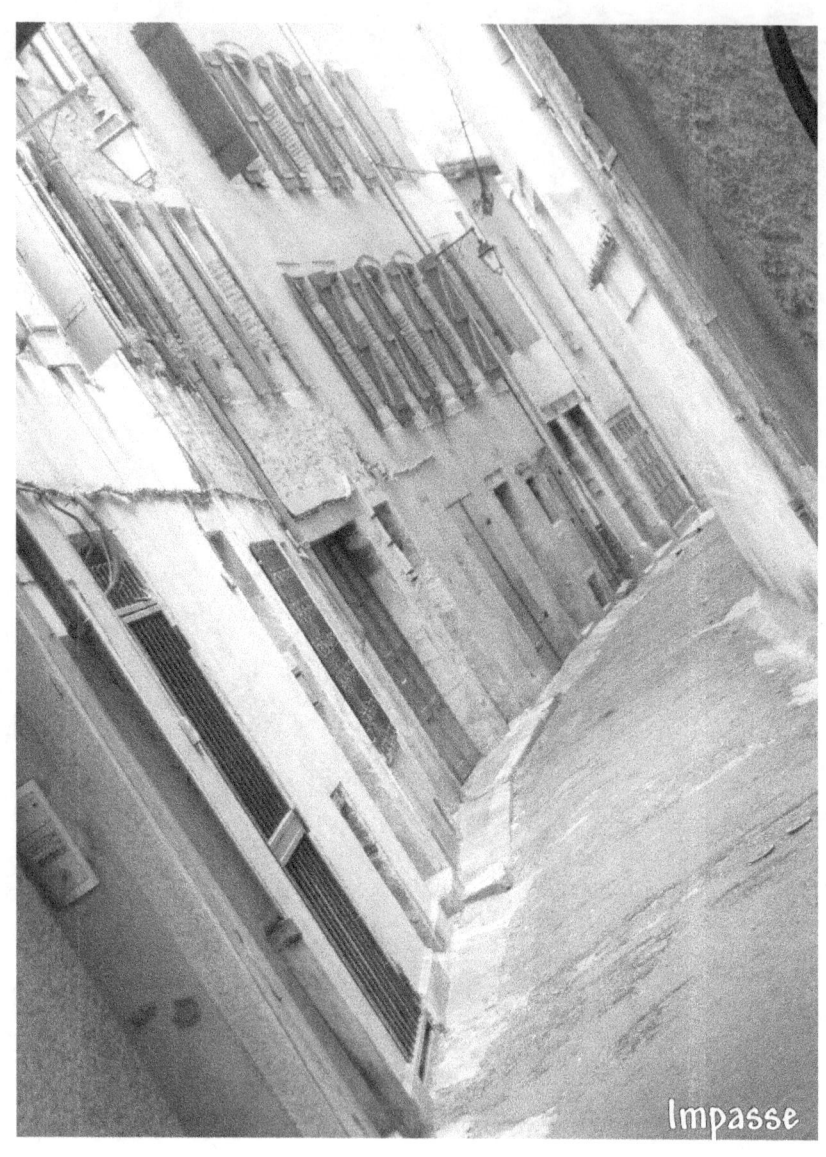

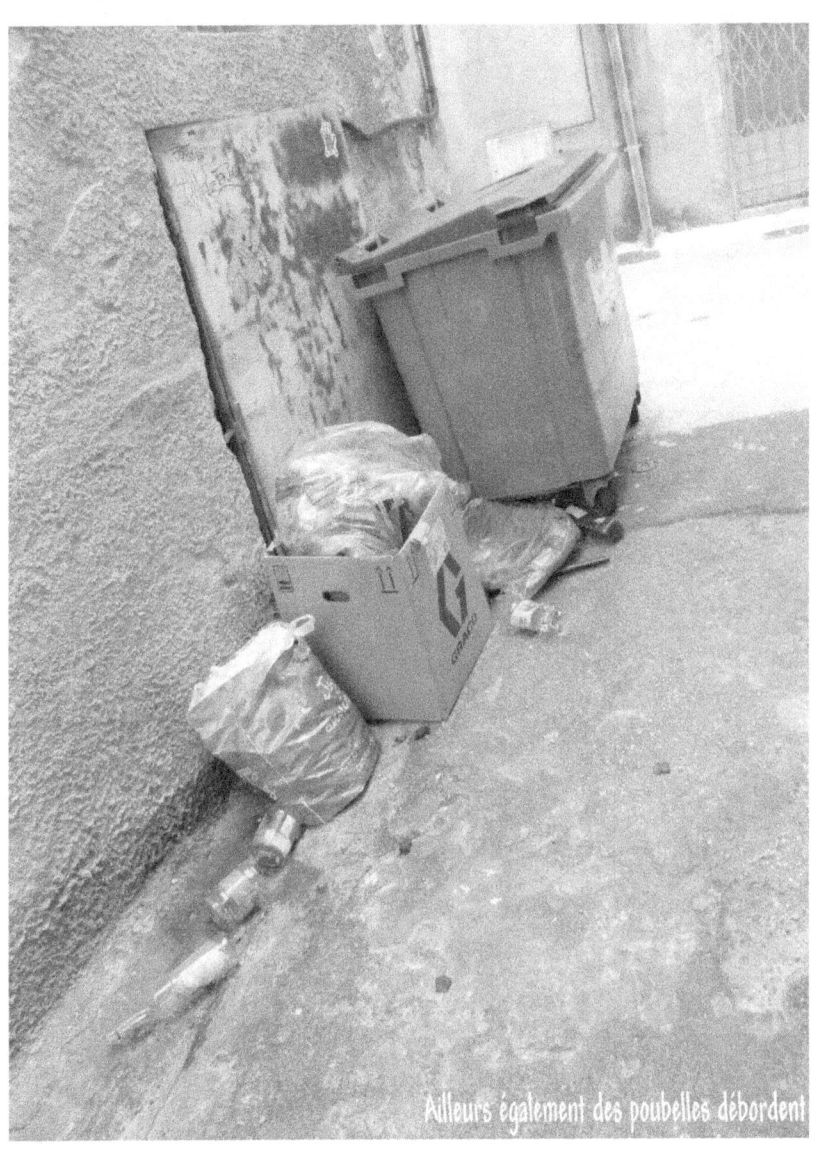
Ailleurs également des poubelles débordent

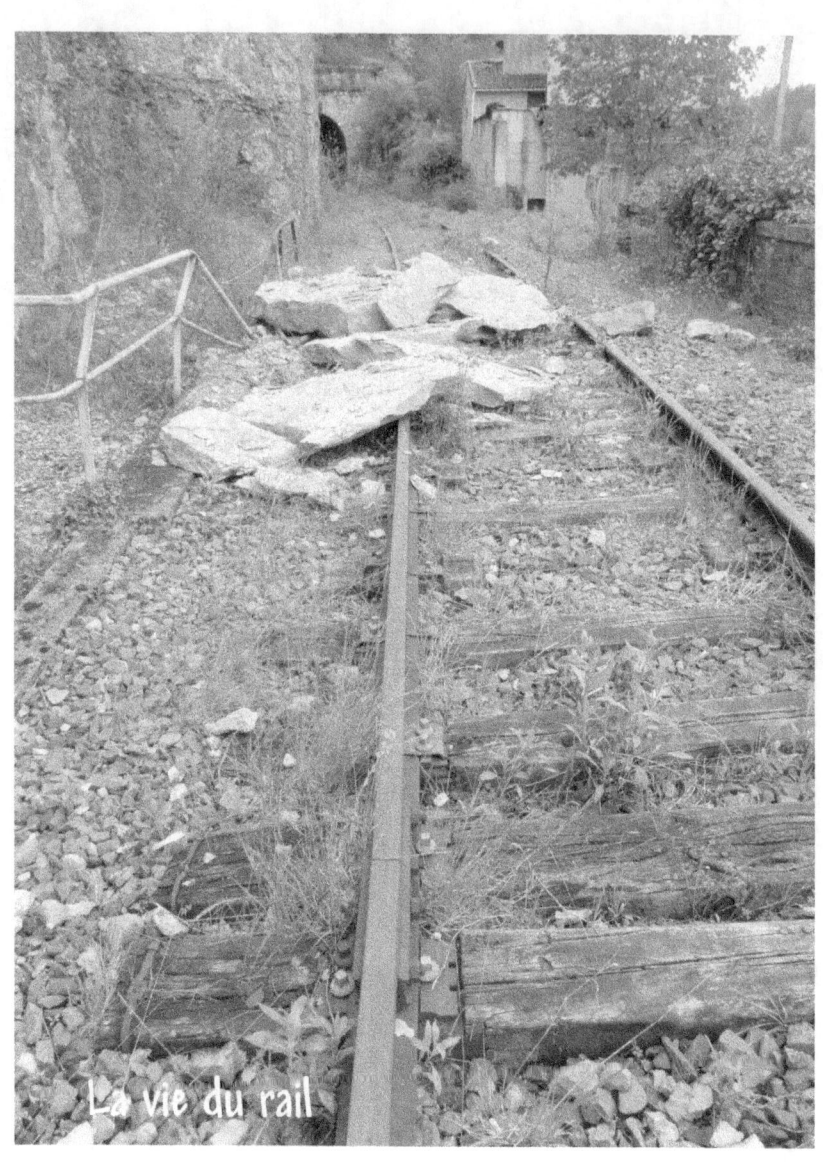

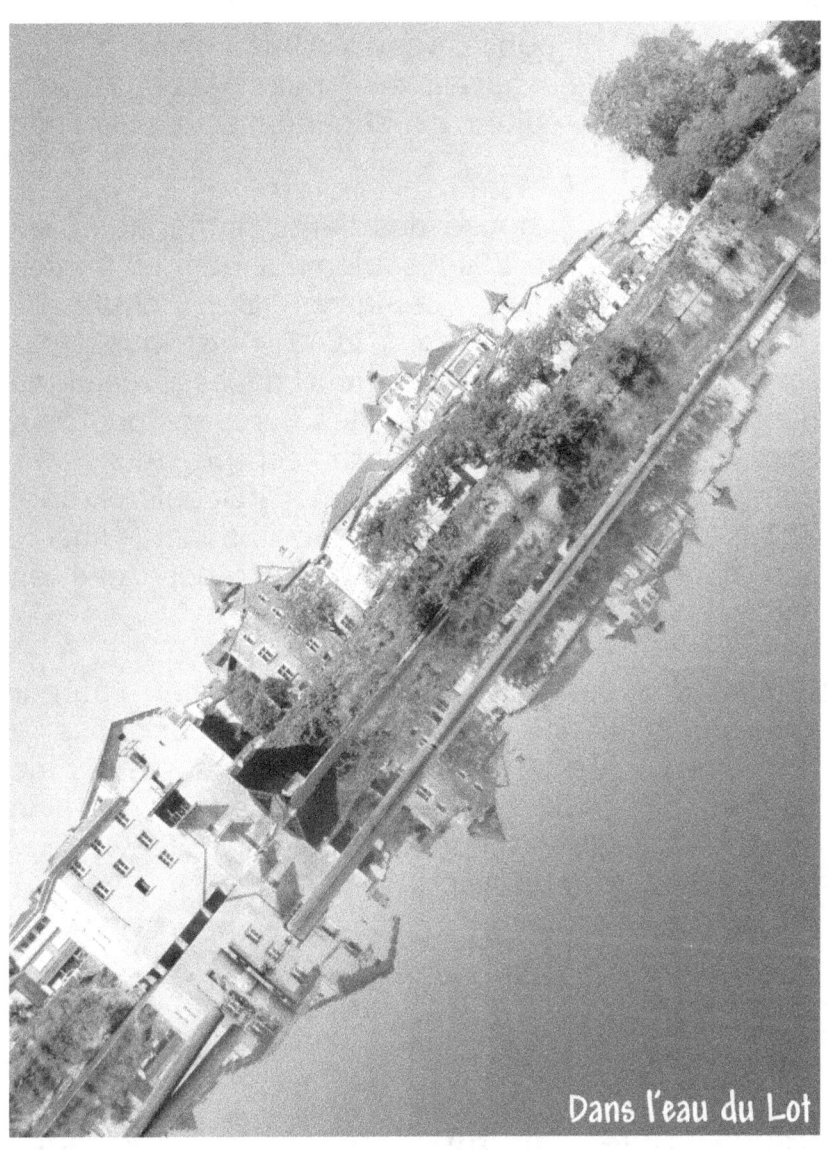
Dans l'eau du Lot

Auteur

Né en 1968, il publie depuis 1991, d'abord sous son nom de naissance puis sous divers pseudonymes, éditeur indépendant depuis son premier livre.

Dès 2004, il a proposé des livres numériques, en PDF. Mais c'est en 2011 seulement que les ventes dématérialisées ont démarré. Son catalogue numérique (depuis mi 2011 distribué par *Immateriel*) a ainsi rapidement dépassé celui du papier, grâce à des essais, des livres de photos... tout en continuant la lente écriture dans les domaines du théâtre et du roman. Depuis octobre 2013, et son « identifiant fiscal aux États-Unis », son catalogue papier tend à rattraper celui en pixels.

Il convient donc de nouveau d'aborder l'auteur sous le biais de l'œuvre. Ainsi, pour vous y retrouver, http://www.ecrivain.pro essaye de fournir une vue globale. Et chaque domaine bénéficie de sites au nom approprié :
http://www.romancier.org
http://www.parolier.org

http://www.essayiste.net

http://www.dramaturge.fr
http://www.lotois.fr

Vous pouvez légitimement vous demander pourquoi un auteur avec un tel catalogue ne bénéficie d'aucune visibilité dans les médias traditionnels. L'écriture est une chose, se faire des amis utiles une autre !

Catalogue

Romans : (http://www.romancier.org)
Le Roman de la révolution numérique également sous le titre *Un Amour béton*
Ils ne sont pas intervenus (le livre des conséquences) également sous le titre *Peut-être un roman autobiographique*
La Faute à Souchon ? également sous le titre *Le roman du show-biz et de la sagesse (Même les dolmens se brisent)*
Liberté, j'ignorais tant de Toi également sous le titre *Libertés d'avant l'an 2000*
Viré, viré, viré, même viré du Rmi
Quand les familles sans toit sont entrées dans les maisons fermées

Edition (http://www.auto-edition.com)
Le guide de l'auto-édition, papier et numérique
Le manifeste de l'auto-édition - Manifeste politico-littéraire pour la reconnaissance des écrivains indépendants et une saine concurrence entre les différentes formes d'édition
Écrivains, réveillez-vous ! - La loi 2012-287 du 1er mars 2012 et autres somnifères
Le livre numérique, fils de l'auto-édition
Réponses à monsieur Frédéric Beigbeder au sujet du Livre Numérique (Écrivains= moutons tondus ?)
Comment devenir écrivain ? Être écrivain ? (Écrire est-ce un vrai métier ? Une vocation ? Quelle formation ?...)
Copie privée, droit de prêt en bibliothèque : vous payez, nous ne touchons pas un centime - Quand la France organise la marginalisation des écrivains indépendants
Alertez Jack-Alain Léger !

Théâtre : (http://www.dramaturge.fr)
La baguette magique et les philosophes
Neuf femmes et la star
Avant les élections présidentielles
Les secrets de maître Pierre, notaire de campagne
Deux sœurs et un contrôle fiscal
Ça magouille aux assurances
Pourquoi est-il venu ?
Amour, sud et chansons
Blaise Pascal serait webmaster
Aventures d'écrivains régionaux
Trois femmes et un amour
Chanteur, écrivain : même cirque
« Révélations » sur « les apparitions d'Astaffort » Brel / Cabrel (les secrets de la grotte Mariette)
J'avais 25 ans

Pour troupes d'enfants :
Les filles en profitent
Révélations sur la disparition du père Noël
Le lion l'autruche et le renard
Mertilou prépare l'été
Nous n'irons plus au restaurant

Recueils :
Théâtre peut-être complet
La fille aux 200 doudous et autres pièces de théâtre pour enfants
Théâtre pour femmes

Chansons : (http://www.parolier.info)
Chansons trop éloignées des normes industrielles
Chansons vertes et autres textes engagés
Parodies de chansons - De Renaud à Cabrel En passant par Cloclo et Jacques Brel
Chansons d'avant l'an 2000
Vivre Autrement (après les ruines), l'album invisible...

Photos : (http://www.france.wf)
Cahors, 42 inscriptions aux Monuments Historiques
La disparition d'un canton : Montcuq
Montcuq, le village lotois
Cahors, des pierres et des hommes. Photos et commentaires
Limogne-en-Quercy Calvignac la route des dolmens et gariottes
Saint-Cirq-Lapopie, le plus beau village de France ?
Saillac village du Lot
Limogne-en-Quercy cinq monuments historiques cinq dolmens
Beauregard, Dolmens Gariottes Château de Marsa et autres merveilles lotoises
Villeneuve-sur-Lot, des monuments historiques, un salon du livre... -Photos, histoires et opinions
Henri Martin du musée Henri-Martin de Cahors - Avec visite de Labastide-du-Vert et Saint-Cirq-Lapopie sur les traces du peintre
L'église romane de Rouillac à Montcuq et sa voisine oubliée, à découvrir - Les fresques de Rouillac, Touffailles et Saint-Félix
Cajarc selon Ternoise

Livres d'artiste (http://www.quercy.pro)
Quercy : l'harmonie du hasard
Lot, livre d'art
Montcuq, livre d'art
Quercy Blanc, livre d'art
Cahors, livre d'art
Quercy : l'harmonie du hasard
La beauté des éoliennes
Golfech, c'est beau un village prospère à l'ombre d'une centrale nucléaire
Jésus, du Quercy

Essais (http://www.essayiste.net)
Ya basta Aurélie Filippetti !
Amour - état du sentiment et perspectives
Contrairement à Gérard Depardieu, dois-je quitter la France ?
Cahors, municipales 2014 : un enjeu départemental majeur
Quand Martin Malvy publie un livre : questions de déontologie

Politique : (http://www.commentaire.info)
Ce François Hollande qui peut encore gagner le 6 mai 2012 ne le mérite pas (Un Parti Socialiste non réformé au pays du quinquennat déplorable de Nicolas Sarkozy)
Nicolas Sarkozy : sketchs et Parodies de chansons
Bernadette et Jacques Chirac vus du Lot - Chansons théâtre textes lotois
Affaire Ségolène Royal - Olivier Falorni Ce qu'il faut en retenir pour l'Histoire - Un écrivain engagé, un observateur indépendant
François Fillon, persuadé qu'il aurait battu François Hollande en 2012, qu'il le battra en 2017

Notre vie (http://www.morts.info)
La trahison des morts : les concessions à perpétuité discrètement récupérées - Cahors, à l'ombre des remparts médiévaux, les vieux morts doivent laisser la place aux jeunes...
Cahors : Adèle et Marie Borie contre Jean-Marc Vayssouze-Faure - Appel à une mobilisation locale et nationale pour sauver les soeurs Borie...

Jeux de société
http://www.lejeudespistescyclables.com
La France des pistes cyclables - Fabriquer un jeu de société pour enfants de 8 à 108 ans
Le bon chemin pour Saint-Jacques-de-Compostelle

Divers :
La disparition du père Noël et autres contes
J'écris aussi des sketchs
Vive les poules municipales... et les poulets municipaux
- Réduire le volume des déchets alimentaires et manger des oeufs de qualité
Le Martyr et Saint du 11 septembre : Jean-Gabriel Perboyre

En chti : (http://www.chti.es)
Canchons et cafougnettes (Ternoise chti)
Elle tiote aux deux chints doudous (théâtre)

Œuvres traduites (http://www.traducteurs.net)
La fille aux 200 doudous :
- *The Teddy (Bear) Whisperer* (Kate-Marie Glover)
- *Das Mädchen mit den 200 Schmusetieren* (Jeanne Meurtin)

- *Le lion l'autruche et le renard* :
- *How the fox got his cunning* (Kate-Marie Glover)

- *Mertilou prépare l'été* :
- *The Blackbird's Secret* (Kate-Marie Glover)

- *La fille aux 200 doudous et autres pièces de théâtre pour enfants (les 6 pièces)*
- *La niña de los 200 peluches y otras obras de teatro para niños* (María del Carmen Pulido Cortijo)

Chansons - CDs : (http://www.chansons.org)
Vivre Autrement (après les ruines)
Savoirs
CD Sarkozy selon Ternoise (parodies de chansons, 2006)

Mentions légales

Tous droits de traduction, de reproduction, d'utilisation, d'interprétation et d'adaptation réservés pour tous pays, pour toutes planètes, pour tous univers.

Site officiel : http://www.ecrivain.pro

Présentation des livres essentiels :
http://www.utopie.pro

Vous pouvez acquérir ces clichés au format originel du photographe, en droit de reproduction, exemplaires numérotés et signés, sur http://www.galerie.me

Dépôt légal à la publication au format ebook du 2 juillet 2014.

Imprimé par CreateSpace, An Amazon.com Company pour le compte de l'auteur-éditeur indépendant **livrepapier.com**.

ISBN 978-2-36541-573-6
EAN 9782365415736
Cahors, livre d'art de François-Antoine de Quercy
© **Jean-Luc PETIT - BP 17 - 46800 Montcuq France**

www.ingramcontent.com/pod-product-compliance
Lightning Source LLC
Chambersburg PA
CBHW070251230526
45470CB00002B/567